源说

认知生命含义

刘奥 著

吉林人民出版社

图书在版编目（CIP）数据

源说 / 刘奥著 . -- 长春：吉林人民出版社，
2017. 10

ISBN 978-7-206-14486-8

Ⅰ．①源… Ⅱ．①刘… Ⅲ．①信息源－研究 Ⅳ．
① G203

中国版本图书馆 CIP 数据核字（2017）第 261873 号

源　说

著　　者：刘　奥

责任编辑：卢俊宁

封面设计：北京烜晟博雅文化传播有限公司

传播策划：中国文化出版网　　http://www.xsbywh.cn

吉林人民出版社出版 发行（长春市人民大街 7548 号 邮政编码 130022）

印　　刷：北京京华虎彩印刷有限公司

开　　本：880×1230mm　1/32

印　　张：6　　　　字数：53 千字

标准书号：ISBN 978-7-206-14486-8

版　　次：2017 年 10 月第 1 版　印　　次：2017 年 10 月第 1 次印刷

定　　价：34.00 元

如发现印装质量问题，影响阅读，请与出版社联系调换。

前　言

一切物质间千丝万缕的联动构筑起了彼此更加复杂与多元化的衍进，而驱使并无本质差别物质间彼此联动过程则必然存在着具有绝对支配性的超然规律。人类无法探知这漫长的衍化序列尽头源自于人类生命形态自身也仅仅是衍进过程中的匆匆过客。在存在的漫长过程中，伴随着个体数量的不断扩大以及所展现出对于其他物质的绝对驱使与支

配能力同时，由超然规律所驱使的衍进过程也更加直观的表现为人类生命所经历的一切文明、地域、社会、家庭、情感等具体形式。因此人类存在的绝大部分时期，往往仅拘泥于包括地域间的争端、社会形态的建立、财富分配的渴望、不同情感的塑造以及生存技能的训练等生命存在过程中的表现形式，而忽略了对于自身存在含义的思考。

纵观人类存在的漫长过程，能够通过所积累信息产生对于物质与自身存在含义的认知体系仅仅是历史鸿沟中的昙花一现，而在如今对于物质观测工具发展至前所未有的时代中，无论被广泛接纳的物质起源于奇点大爆炸理论以及由复杂的空间扭曲曲率替代物质间彼此联动的认知体系不仅难以起到化繁为简的作用，甚至需要依靠包括黑洞等一些与观测所收集信息并不相符的依据难以自圆

其说。

那么工具突飞猛进的时代为何难以形成对于一切存在物质相匹配的、具有说服力的认知体系？为何这一全新时代圣贤、人杰寥寥无几，而胸襟、气量更难以与所使用工具远不及当今的贤者相提并论？人类又该如何摆脱生命存在过程的束缚而探寻一切存在的真谛？

在翻阅了大量典籍与资料后，对于一切物质性质、衍化规律以及人类生命含义等漫长的思索过程致如今而立之年方才有所参悟，无论是否存在瑕疵、纰漏，将在此归本为《源说》一书，望对于人类更加清晰的认知生命含义而不再纠缠于存在过程尽一绵薄之力。

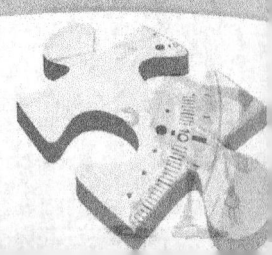

目录

CONTENTS

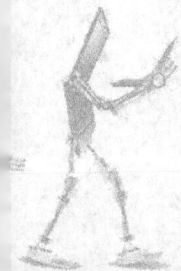

（一）源率

存在即对于原有均衡的打破，但存在却总是趋向于均衡，而最终又无法达到完全均衡。任何形式的存在都蕴含着这种超然而难以抗拒的源规律，而存在的任何形式、状态又都是源规律所孕育与衍化出的必然结果。

存在虽然源自原始均衡状态的打破，但这种打破却并非无端的产生。而是来自于

极其宏大与微小相邻维度间所形成的共同联
动。这种由不同密度所构成的维度间既存在
着相互递进，同时也互为因果关系。任何形
式的存在都由相邻的微小维度所形成量变积
累所构成，同时也是使庞大相邻维度内孕育
不同形式存在的必然因素。不同密度维度间
彼此纠葛所衍生出的千丝万缕关联使存在孕
育出了各自独立的复杂形态与结构，这种衍
化呈现出了多样化与多元化的多变特征，但
复杂的衍化过程却又遵循着一切存在所蕴含
的超然源规律。因此任何复杂形态与结构的
孕育既是相邻维度间量变积累的必然结果，
而又不仅仅是单纯的量变积累。

　　相邻密度维度通过量变积累对于原始均
衡的影响在最初阶段将不规则的诞生并分布
于这一密度维度原始基本状态的任何角落，

通过自身极具偶然性的运动轨迹打破原有的有序与均衡，并产生出不同规模、不同形式的不规则运动。作为打破原有均衡的存在，其自身趋向于均衡的源规律将本能性的衍生出维系原有均衡的与这种不规则运动方向相反的作用力，使得两者在这一密度维度中呈现出大量漩涡状的、彼此相互对应的正、负两种不同状态。

在同一维度中，两种具有鲜明对立特征又存在彼此互补的不同状态在趋向于均衡源规律影响下不断产生着彼此的交融、联动与转化，并由此逐渐交融与转化为更加赋有具象特征与稳固结构的复杂表现形式。也就是说打破原始均衡并趋向进一步均衡的过程并非单一不变的循环，在超然源规律的引导下正、负两种不同状态彼此趋向于均衡的过

程所衍生出的是一种呈现出正态环绕于负态并且两者自身产生着共转的全新结构，这种全新的状态相比于维度内原始的均衡，是一种独立并更加具有具象特征的状态。在一定的感官范围内，这种全新的趋向于均衡的、具有更加稳固结构的状态将被描述为物质状态。

存在打破原始的均衡，并且在自身趋向于均衡的过程中衍生出具有更加复杂形态与稳固结构的物质状态既可以看作源规律所驱使的必然结果，而物质状态自身则同样可以看作这种绝对支配性规律的独立载体。在处于失衡的维度中，一旦正、负两种状态通过彼此交融与转化孕育出作为源规律载体的物质状态，超然源规律都将通过使其载体数量急剧增加而对于尚未完全趋向均衡的维度进

行填充与覆盖。因此任何所处不同密度的维度中，一旦孕育出独立于原始均衡的物质状态后，其数量往往都呈现一种毫无休止的递增。

在存在的漫长过程中，人类始终难以真正获取对于感官范围内具象物质与抽象精神的存在真谛，原因在于人类感官所接收的信息仅仅是来自不同维度所孕育出物质状态在单一维度中呈现出的表现形式，而人类自身也仅仅是所处维度中物质漫长衍化过程的其中结果之一，既非起始又非尽头。在感官范围所处的维度中，人类能够有效地将源规律所衍化出物质状态数量的不断递增归纳为"分裂"与"遗传"两种核心功能。分裂功能用于始终保证基本物位能够在自身消逝前通过不断分裂使其数量不断增多，而遗传功

能则保证了分裂出的全新单位依然保有基本物质的全部属性与表现形式，并因此极大缩短了物质状态衍进所必要的漫长过程。

目前人类所应用对于物质的观测工具却能够清晰的观测到，所处维度中任何物质状态通过等比缩放达到相邻维度的临界点后，所呈现出的都是一种存在大量共同特征的统一规律。但目前对于分别被命名为原子、细胞以及天体恒星等相邻维度物质状态所展示出的统一规律，人类显然缺乏更加广泛而全面的认知体系。目前被人类广泛认知的观念依然停留在由某一基点所形成的逐级递增效果。实际上由超然源规律所孕育的物质状态来自于相邻维度间所形成的彼此共振与联动，而分裂与遗传功能显然也并非由某一维度无端的诞生。

作为不同维度间彼此共同联动所孕育出独立于原始均衡的复杂状态，物质状态的孕育过程也可以看作相邻维度内正负状态凝聚过程中彼此联动与交融所积累量变的反馈。因此物质始终趋向于均衡却又无法达到完全均衡的真正原因在于，所处维度内看似独立的物质实际上并不能够完全脱离更加微观的环境要素而永恒存在，无论任何形式的存在都将经历孕育、诞生、存在、消逝的必然过程。而随着作为源规律载体物质状态数量不断增加加剧这种根本性的矛盾，物质状态也将由此在趋向均衡的过程中不断寻求更加稳固自身结构而衍化出不同形式的基本变化。

基本变化的过程从原本单一正、负状态单位数量积累所产生的性质变化，到以性质变化为基础进一步根据得失对应正、负状态数量单位所建立起结构更加稳固与复杂的结

构变化，一切变化都是趋向于均衡物质所遵
循的超然源规律对于自身数量不断增加而难
以均衡所产生的本能性抵御。在寻求更加稳
固结构的过程中，结构更加复杂的物质状态
不断衍生出属于自身的独立属性与全新表现
形式，并因此继承了作为载体的物质所拥有
的分裂与遗传功能，演绎着更加复杂的衍化
序列。

在不断向更加稳固结构与复杂形态的衍
化序列中，作为规律载体的物质虽然存在着
性质变化与结构变化的必要次序，但这种次
序却并非完全规律性的、机械的。这主要取
决于所处维度物质数量的平均增加速度。一
旦通过性质变化获得稳固结构的全新物质产
生进一步性质变化需要花费漫长的过程时，
其基本变化将优先于结构变化。这导致了漫
长的物质衍化序列中拥有同样性质的物质既

可能优先产生性质变化，也可能优先产生结构变化的多样化与多元化形式。而这种复杂衍进过程所衍化出的物质形态在一定程度上是源规律自身也并不可控的。

同样也很难说清由不同维度间相互联动而不断孕育出更加复杂、具有动态与生命特征物质状态过程到底是趋向均衡过程中的打破，还是打破均衡过程中的修复。这种不同维度间的相互纠葛却因此真实的造就了彼此相互依存、错落有致却又夹杂着千丝万缕关联的复杂联系。以及人类所栖息的包括山川、河流、植物、脊索生物、鱼类、鸟类、爬行生物以及其他哺乳生物等处于不同衍进阶段的物质同时存在的、鬼斧神工般绚丽的自然环境。

（二）物纲（上）

趋向于均衡却又无法达到完全均衡的源规律在不同维度间的彼此联动与牵引造就了物质状态多元化与多样化的衍进形式，而在存在的绝大部分过程中，人类却仅仅能够依靠自身均衡而完善的感官系统获取不同维度衍进形式在同一维度内的表现形式。随着这种遵循超然源规律的复杂衍进在自身感官范围内更加具象的表现为文明、地域、社会、

家庭等具体形态对于人类的影响，以及信息收集与分享的阻碍，使得在人类的历史长河中，仅仅能够对于所处维度包括自身在内一切物质进行联系的认知体系也如凤毛麟角。

目前人类所使用观测工具在我们所处的时代得到了突飞猛进式的发展，信息分享程度也达到了前所未有的充分。因此人类极大的延伸了对于所处维度物质状态的信息收集范围，并通过对于物质的缩放收集到量变所积累相邻密度维度物质状态的相关信息。由于人类自身同样是众多维度间彼此联动所衍生出具有物质属性的、所处维度的源规律载体，因此在自身的社会层面，人类的存在同样蕴含着超然源规律在趋向于均衡的过程中难以达到完全均衡。而漫长的历史长河中，

也仅仅是达到接近相对均衡的临界点后才能促使人类诞生出对于所处维度内一切物质进行联系并且对于其由来与性质进行推测的完整认知体系。而目前被人类广泛接纳的认知体系显然来自于尚未达到社会层面接近均衡的临界点时期的产物，这造就了由于不同领域间对于物质性质彼此存在各自不同的切入点与侧重点，并由此形成了零散的、存在局限性并且相互矛盾化简为繁的认知体系。

在不同领域的认知体系内，人类对于源规律所孕育正负状态间的彼此牵引与联动分别存在着包括引力、电磁场、作用力以及更加具体的抽象的爱恨、与更加古老的因缘、两仪等众多阐述方式。并且对于物质状态的衍同样进存在着各自由来、分类与识别等各方面的分歧。这表明目前人类对于物质状态

的认知观念尚不能够与使用观测工具所获得信息相匹配。

随着对于物质状态多元化与多样化的漫长衍进过程进行更加深入的剖析，我们将在后篇中对于目前人类社会层面衍化阶段进行更加详细的描述，而在回溯人类漫长存在过程中由于社会层面众多因素阻碍而始终并未对于所处维度包括自身在内一切物质进行联系的认知体系之前，我们首先需要利用目前人类所积累并掌握的相关信息将零散与局限的认知体系进行统一，这将有利于我们正视目前由物质的多元化与多样化复杂衍进所造就纷乱繁复的环境，时这也将是对于超然源规律所支配性进行印证以及认识包括人类自身在内作为源规律载体的基本物质属性的必要步骤。

当通过观测工具对于物质的缩放比例达到一定规模后（大致约 1×10 的正负 13 次平方倍，由于人类自身并非完美的参照物，所以距离并不完全准确）可以清晰地获得相邻密度维度间遵循源规律独立载体的相关信息，而通过对比两者也确实存在着极其相似的存在方式。但目前人类对于来自微观相邻维度物质状态认知体系的物理、化学与来自宏观相邻维度认知体系的天文学却对于同样遵循源规律的物质状态存在着彼此迥异的描述。

实际上人类所处维度内单一物质的存在都与相邻的两个维度存在着密不可分的复杂联动。在同一维度中物质遵循源规律产生多元化与多样化的衍进过程中不断产生着趋向于更加稳固结构的基本变化，而一切的基本

变化又都来自于在对于环境要素的寻求过程中倾向于打破均衡的正状态对于负状态的游离。借用化学的命名即电子对于质子的游离，电子的游离既造就了质子间的彼此叠加，同时也造就了离子通过得失等量电子数进行更加复杂结构的组合。而如果把天体恒星当作与化学中原子作用相同在单一维度内具有遗传与分裂功能的源规律载体，那么人类所栖息的地球实际上仅仅是众多倾向于打破均衡的正状态（即电子）之一。因此地球所孕育的一切复杂而多变的物质衍化序列，实际上在相邻的宏观维度中仅仅是正状态（原子）细微的游离。

因此由相邻维度共同联动所孕育出的人类所处维度中的一切物质，从微观角度看来是一种由微观维度物质状态量变积累的反

馈，而从宏观角度则又是原本稳固结构地球
外部与所处环境联动所产生游离后形成的类
似"融化"效果。或者说正是由于地球原本
均衡而稳固结构通过环境要素的联动逐渐从
外围产生动态形式的变化，而这种动态变化
同样是作为环境要素的微观物质量变所积累
的反馈，在作为源规律载体的物质状态呈现
不断递增的背景下，众多维度由此构成了人
类感官范围生动而复杂的自然环境。

在微观维度层面，具有遗传与分裂功能
的物质状态在数量不断增加的过程中相应产
生着极其偶然性的基本变化，而这又主要取
决于所处维度物质数量的平均增加速度。在
通过性质变化所衍生出不同数量叠加的物质
中，低于维度内物质结构平均数量的物质由
于对于环境要素的依赖而难以长期维持自身

的稳固结构，而呈现出延续正负状态的基本旋涡状不断产生盘旋的动态特征。这种不断盘旋所产生的螺旋状动态结构在不断加大着自身的体积与质量同时也相应表现出由点至线，由线至团的类似于线团状的、层层缠绕与叠加的复杂与偶然形式。

　　而在大于所处环境产生性质变化平均数量、并且能够在环境中保持稳固结构的物质，则由于对于环境要素依赖性小，在量变的叠加过程中始终保持着自身并不能够轻易产生进一步性质变化的稳固结构，呈现出具有坚固机构几何多边形结构的相对静态特征。而这种转化过程并非永久不变的，随着物质数量增加使得产生性质变化平均结构逐渐复杂，原本具有稳固多边形结构的相对静态物质同样也将随着对于环境要素依赖的增大而

产生相对动态的变化。

在所处维度人类所栖息的地球上，通过性质变化与人工核裂变反应所制造出的具有不同性质的物质状态总和大致有110多种，而以这110多种不同性质的、目前被化学领域命名为元素的物质为基础进一步产生结构变化所衍化出结构更加复杂的物质数量则达到约3000万种以上。这其中以6个正负状态（质子与电子）所组合的被命名为碳的基本元素显然是最为活跃的。碳元素既可以与其他物质状态组合为呈现螺旋状特征的动态物质，同时自身也能够独立的组合为稳固的几何多边形结构。这表明目前人类所处的相邻维度中无论是地球表面产生的动态变化与微观物质通过量变积累的过程使得物质产生性质变化的平均结构大致与碳和其相邻物质

相当，目前人类也因此将所栖息的环境命名为碳基。

虽然目前通过对于人类所栖息地球自然环境的衍化过程测算，物质趋向于具有动态特征的衍化历经了极其漫长的过程，但作为目前不同密度维度中由于物质数量不断增加而产生性质变化平均结构的碳元素，在目前被探知的110多种具有性质的物质中仅仅是一种比较简单的结构，因此碳基环境仅仅是物质漫长衍进过程中的短暂步骤。这表明随着物质数量进一步增加，目前适应包括空气、海洋等碳基环境的一切物质、生物都将随着环境要素的改变不断的衍生出具有更加复杂结构的全新状态。而目前人类对于物质状态的观测极限也仅仅停留在相邻密度维度信息的收集，并没有任何迹象表明物质的孕育仅

仅存在于目前被认知的三个维度中，因此作为多元化与多样化漫长衍进过程中的沧海一粟，如果能够对于超然源规律进行更加深入的思考与印证，这将使我们对于一些已经形成的观念与行为方式进行全新的审视与判别。

（三）物纲（下）

随着相邻维度间彼此微妙联动所造就物质状态多元化的漫长衍进过程中不断呈现出更多动态的、具有生命特征的表现形式，这种联动也因此为通过人类的复杂感官系统进行表达。漫长的存在过程中，人类利用自身感官所收集环境要素相关信息，并不断探寻形成对于包括自身在内物质存在真谛的过程实际上是趋向于均衡又无法获得

完全均衡的源规律在人类社会层面的具体
表达方式，这种表达方式也使得人类获得
了完全区别于其他物质的独特存在关系。

随着信息传播能力的飞速发展，使得我
们所处的时代能够将历史长河所积累社会层
面的差异与分歧进行更加充分的分析与直观
的认识，这将有效的推进人类社会层面趋向
于均衡的衍进程度。

在通过自身感官对于所处维度环境要素
信息进行收集的大部分过程中，人类始终信
奉着眼见即真实的传统观念。这种观念在主
导着人类对于包括自身在内一切物质存在的
认知以及生命含义的认知同时，也由此产生
了对于社会层面趋向于均衡的阻碍。即便观
测工具所收集信息早已远超人类自身感官范

围，却依然不足以在短时间内完全打破这种根深蒂固的传统观念。而这也能够侧面说明目前人类社会层面在趋向于均衡又无法获得完全均衡的超然源规律中到底停留在何种阶段。

由不同密度所构成的维度间通过微妙联动与牵引既存在着相互递进，同时也彼此互为因果。由于缺乏对于这一物质状态衍化过程的统一认知，目前被广泛传播的绝大部分认知体系中，无论以自身感官为中心通过对于物质结构的解剖、分类，并进一步向微观维度延伸的生物体系，由微观维度中被命名为不同元素为中心所收集信息规律对于人类所处维度进行延伸的化学体系，以及由宏观维度中假定奇点为中心通过大爆炸而衍生众多天体并进一步向人类所处维度延伸的天文

体系，全部由于假定了以某一源头为起始而并不能很好地表达孕育物质状态复杂而微妙的联动关系。而这显然受到了眼见即真实的传统观念影响，或者说这些存在不同侧重点的零散、局限的认知体系是人类在寻求统一认知过程中以收集信息替代自我感官的必要步骤。而在这一阶段我们需要做的并不是单纯的寻求不同物质间的彼此差异，而是在具有迥异特征的不同物质间探寻其所蕴含的共同规律。

实际上前篇中已经提到，一切遵循源规律源孕育出的物质状态，无论是静态的或是动态的、具有生命特征的。都仅仅是随着物质数量不断增加根据对于环境要素的依赖程度与所处环境中的稳固程度而衍生出的必要过程。在不同的密度维度中，微观维度中物

质通过量变累计以及宏观维度中地球原本稳固结构的打破构筑了目前人类所处维度中呈现出复杂形态的物质环境。而无论存在迥异阐述形式的引力、电磁场、作用力、爱恨、因缘等等实际上都是趋向于均衡并无法获得绝对均衡源规律衍生出正负状态在不同物质、维度的共同形式。如果不能够将目前所观测到大量信息进行充分应用，大部分依然停留在眼见即真实阶段的人类显然无法真正确信呈现在感官范围的岩体、土壤、矿物体实际上与包括人类自身在内的生物间仅仅是物质状态衍进先后顺序所产生的差别，而这种差别也将随着物质数量增加的平均速度而产生根本性的改变。

作为独立载体，物质的存在得益于对于原有均衡的破坏，而物质再次趋向于均衡又

不能够完全脱离所处维度中的环境要素。因
此在借助分裂与遗传功能实现数量的增加同
时，这使得物质在自身维度中不断衍生着出
更加复杂形态与结构同时，又在达到以密度
划分维度间的临界点后成为相邻维度中衍生
正负状态的重要环境要素。

　　不同维度间的联动与转化同时也保持着
趋于均衡的协调，宏观维度中人类所栖息
地球稳固结构的失衡使得其从外表衍生出液
态、气态等动态形式的基本变化所造就的碳
基环境，实际上也是微观物质量变积累产生
形态变化物质平均结构的反馈。因此相邻维
度中能够在相应环境中保持稳固并且呈现出
结构复杂几何多边形稳固结构的物质，依然
延续着自身相对均衡的静态特征，而通过基
本变化、难以在碳基环境中保持稳固结构的

物质则将在趋于均衡源规律的影响下在所处维度中衍生出全新的物质状态。

也就是说包括人类在内，一切呈现出具有生命特征的生物实际上是两种相邻维度间打破原有均衡并趋向于均衡源规律影响下在所处维度中建立起适应碳基环境、结构更加复杂的物质状态。而这种物质状态也将随着地球表面动态形式基本变化以及微观物质量变积累的速度，在自身不断适应环境要素的前提下产生相应复杂与动态衍进，这构成了目前包括人类在内漫长而多元化的生物衍进序列。

在这种递进式的衍进过程起始阶段，随着地球表面环境产生动态形式的基本变化，相应微观维度内极其复杂结构的物质也因此成为打破对于人类所处维度均衡的环境要

素。大量被命名为羧基、氨基、碱基等微观维度的复杂物质形态随着自身数量的增加而开始通过彼此产生混合螺旋状盘旋衍生出适应当前环境要素的稳固结构。这种趋向于均衡的衍进的初期是一种极其漫长而缓慢的形式，在这过程中，只有自身数量的增加而加剧环境要素的需求后，才能够因此产生更加稳固的衍化。而由此逐渐衍生出的结构更加复杂、被命名为核酸分子（DNA 与 RNA）、蛋白质等同时是促使着环境要素产生更加复杂的变化。

我们习惯用物竞天择和适者生存来形容生物的进化过程，实际上在尚未衍生为均衡的物质状态前，这种不断适应环境的衍化在核酸分子和蛋白质等等微观维度结构复杂的物质间同样存在，任何遵循源规律所衍生的

物质都无法回避这种衍进过程中根本法则。

递进式的衍进使得由微观物质核酸分子与线状蛋白质不断产生趋于均衡的变化，在不断通过螺旋状盘旋获取更加稳固结构的过程中，微观物质在趋于均衡的过程中衍生出了由核酸分子与蛋白质产生初步联动并获得一定稳固结被人类命名为病毒的全新单位。作为孕育维度中均衡物质状态的重要过程，由于尚未获得分裂与遗传功能，病毒并不能够在数量不断增加的过程中完整保留自身相对稳固的结构。

随后微观物质又在趋于均衡的过程中自发的衍化出用于与环境要素进行区分的核膜体对其自身进行包裹，并且在核膜体内部衍生出由核酸分子与蛋白质所构成的核体，这使得微观的核酸分子在这一阶段已经能够通

过自身稳固结构的记录而衍生出一部分遗传功能，但由于这种趋向于稳固结构的物质衍进过程依然尚未完成，被人类命名为原核细胞的这一衍进形态所划分的蓝藻、细菌、支原体、衣原体等大量种类中，构成原核细胞的蛋白质结构、蛋白质与核酸分子的组成以及外部形态与所适应环境条件都存在着巨大的差异。

在向趋于稳固结构衍进而逐渐衍生出的复杂结构对于环境要素的需求也随着其自身结构产生着重要变化，与环境要素进行联动的过程也具体的表现为通过吸纳、分解与释放对于结构更加简单微观物质进行联动，通过光合作用等对于所处环境进行吸纳、分解与释放的相似过程使原核细胞能够有效地从环境要素中获取维系自身存在的必要资源。

这表明微观物质通过建立稳固结构不断与环境要素产生联动的过程既是自身向趋于均衡衍进过程中自身数量不断增加而带来的必然反馈，同时也是数量增加而使得彼此建立共同合作分工的必要过程。而这种作为源规律载体数量上的递增在不同维度间也是协调共通的，原核生物既是趋向于均衡所衍生出的稳固结构，同时原核生物蓝藻通过吸纳并释放出供人类等生物生存所必需的元素氧又是推进目前碳基环境的必然过程，也是源规律通过将自身载体物质对于失衡状态进行填充的漫长衍进过程中不可或缺的重要步骤。

虽然目前人类所使用的观测工具并不能够证实微观维度的化合物同样存在着通过分裂与遗传功能使得其数量不断增加的相关依据，但来自于相邻维度间所彼此共振与联动

　　所衍生出的物质状态显然遵循着同样的超然源规律，数量上的递增显然并非由某一维度无端的产生，因此形成对于物质状态衍化过程的统一认知将有利于对于目前人类所使用工具无法涉及的范围进行必要的了解。

（四）生命（上）

　　漫长的衍进序列中，随着大量蛋白质与核酸分子在不断寻求更加稳固结构过程中不断加剧彼此的联动，也由此进一步衍化出由核酸分子延续正负状态间所呈现出的旋涡状对于线团状蛋白质进行有规律盘旋缠绕与包裹的稳固结构。这表明通过不同维度间彼此联动衍生出所处维度物质状态的过程已经达到尾声。由核膜体所包裹的全新物

质状态内部核酸分子通过稳固的双螺旋链
体结构对于蛋白质进行有规律的缠绕与包
裹，并能够借助物质状态所具备基本特征之
一的遗传功能保证作为源规律载体的稳固
结构保持延续。也就是说无论趋向于均衡
源规律所造就正负状态相互联动与牵引所
孕育物质状态需要花费多么漫长的过程，
一旦孕育出作为源规律独立载体的、具有
稳固结构的物质，接下来物质数量不断增
加的过程都将通过分裂与遗传功能省略这
中间的漫长环节。目前人类将所处维度内
这一具有稳固结构、并由此不断衍生出更
加复杂的基本物质状态命名为真核细胞。

相比于趋于均衡阶段的原核细胞，同样
由核膜体进行包裹的真核细胞内部通过与所

处环境进行联动而维系其存在的、通过对于环境要素进行吸纳、分解与释放的分工与机能显然衍化的更加完善。除去由核酸分子与蛋白质通过多样化螺旋状结构所构成稳固的核心部分，作为稳固物质状态的真核细胞内部还衍化出了用于与环境要素进行联动的呈现网状、线状等具有不同结构、不同分工的独立组成部分。而这也是物质自身无法达到完全均衡基本特征所形成的必然反馈。

在呈现多样化与多元化分化衍进过程中，通过量变的积累而打破相邻维度均衡从而进一步孕育出全新物质状态的过程显然是不同维度间彼此联动又保持相互协调整体过程中的组成部分。能够在前后相邻维度彼此协调所衍生相应环境中保持稳固并且呈现出结构复杂几何多边形稳固结构的物质，通过

量变积累触及维度间临界点后也同样延续着
自身相对均衡的物质属性。在所处维度中呈
现出足够稳固结构的物质对于环境要素的需
求以及与环境要素的联动程度显然比进一步
衍生出的物质状态真核细胞存在着巨大的反
差，但这种反差在遵循源规律的不同维度间
共同联动而孕育物质状态的整体过程中也仅
仅是阶段性的反馈。当物质通过数量不断增
加打破这一阶段维持均衡的碳基环境后，一
切在目前人类感官范围内并不具有生命特征
的物质间也将孕育出更加复杂结构的源规律
独立载体。

停留在感官范围中眼见即真实的人类显
然无法获取这整个过程的始末。或者说在极
其漫长的分化衍进过程中，单独截取任何维
度的任意物质状态，无论其衍进程度、自身

结构存在着迥异的差别，就作为源规律载体的物质自身而言，除去通过借助分裂与遗传功能对于打破均衡的维度进行填充以外，似乎并不具有独立含义。甚至人类自身完善感官的衍化以及人类始终对于物质存在真谛的探寻也都是漫长衍进过程中源规律所蕴含的表现形式。因此能够建立起又不同维度间复杂联动所孕育物质状态过程的统一认知将有利于我们对于自身物质属性的认知，同时也将回避一些目前不同认知体间系以及人类社会层面的纷争与纠葛。

在目前对于物质状态真核细胞的观测中，人类可以清晰地获得通过分裂与遗传功能使得其自身数量不断增加的具体记录。为了便于进行观测，人类将物质真核细胞核心部分由大量核酸分子与蛋白质通过多样化螺

旋状方式所构成复杂稳固结构进行染色，并将其命名为染色体。作为维度间趋于均衡共同联动所衍生出的源规律载体，物质状态所通过分裂与遗传功能实现数量不断增加的过程主要来自于这一汇聚了大量核酸分子与蛋白质通过多样化螺旋状方式所构成复杂稳固结。物质真核细胞不断与环境要素进行联动过程中，其核心部分染色体稳固的结构也相应产生着核酸分子 RNA 的合成、蛋白质的合成以及核酸分子 DNA 的复制等具体分裂与遗传过程，并随着原本位于核心的染色体分裂为二组结构完全相同的全新染色体后，通过彼此进行方向相反运动实现分裂，分裂出的染色体并由此进一步衍化出完全相同的核膜体以及与环境要素产生关联维系其自身存在的呈现网状、线状等不同结构的组成部分。

　　这种由源规律用于自身载体数量的增加过程所分裂出的全新真核细胞在自身结构、属性与外部形态全部保持了原本物质的全部特征。而在整个分裂过程中绝大多数真核细胞核心部分的染色体末端都将随着自身的分裂数量而逐渐缩短，并在缩短到一定程度后丧失分裂能力。这表明物质数量增加的速度并非完全失控，而是在不同维度间维持着协调而均衡的速度。

　　在存在的漫长过程中，人类对于物质进行观测所获得大部分信息都来自于对于相邻宏观维度的观测。或者说在所处维度的漫长衍进过程中人类自身的复杂结构使得我们更加接近于相邻宏观维度，因此人类通过感官系统能够收集到庞大天体的运行规律，却无法在自身感官范围内直接收集到微观维度

元素的相关信息。在以密度划分的维度间，
通过天体运行规律的收集印证物质状态的衍
进过程显然需要花费极其漫长的时间，而使
用观测工具对于微观维度物质信息的收集显
然能够在短时间内完全获取物质间彼此通过
基本变化产生多元化衍进的具体过程的相关
信息。这也是人类对于环境要素的支配在近
几百年内突飞猛进的原因，但由于在社会层
面尚未形成对于绝对支配性源规律的统一认
知，也使得目前人类依然缺乏宏观与微观相
邻维度内物质通过分裂与遗传功能达到数量
递增的必要印证。

　　作为物质分化衍进过程中的重要步骤，
人类所处维度内趋向于均衡所孕育的物质状
态真核细胞也将遵循超然源规律而产生着相
应形式的基本变化。随着自身数量的不断增

加，真核细胞通过吸纳、分解与释放方式与环境要素产生联动的呈现网状、线状等不同结构的组成部分由于对于环境要素需求的加剧导致了其同样无法达到完全均衡的必然规律。这将使得其核心内部染色体数量、结构延续着对于环境要素的需求产生着孕育出人类感官系统中层出不穷以生物形态的相应衍化。而这种衍化也是不同维度间彼此联动所造就的必然结果。

通过目前人类的观测，通过多元化螺旋状寻求稳固结构的漫长衍化序列中，能够进一步衍化出大量以生命形式存在物质的真核细胞内部由氨基与羧基所构成呈线团状蛋白质的基本种类仅仅有 20 种左右，而通过双螺旋链体结构对于蛋白质进行缠绕与包裹的核酸分子的基本组成部分碱基也仅有 5 种。

而真核细胞通过吸纳、分解与释放与环境要
素进行联动所需的必然微观物质（酶）的种
类也基本相同。这表明由真核细胞核心染色
体结构所决定的不同生物形态的衍进过程中
生物间显然并不存在着重大的差异，我们将
在后面随着物质状态的进一步衍进过程对于
生物形态的具体衍化规律进行详细的分析。

（五）生命（中）

不同维度间所产生彼此联动与牵引既构成了孕育物质状态的相互因果关系，同时这种联动又在不同维度间保持着彼此绝对的协调与同步。也就是说在打破均衡与趋向更加复杂均衡的衍化过程中物质状态内部结构与外部形态根据环境要素产生衍化的过程实际上就是其核心染色体所汇聚微观物质向更加复杂结构衍化过程以及地球外部产

生动态基本变化的衍化进程，三种动态的
过程彼此保持着共同的协调与同步，并随
着物质状态自身数量不断递增而相应放大
着其不规则与无序的特征，使真核细胞不
断衍生着更加具有生命特征的全新形态。

　　这种漫长的过程造就了由物质真核细胞
向人类感官内更加直观呈现、结构更加复杂
生命体不断衍进的复杂生物进化序列，也使
得不同生物细胞核心染色体内数量庞大的包
括碱基、羧基等存在于微观维度的物质随着
与环境要素的同步衍进而通过包括染色体数
量、结构以及排列方式等不同方面更加多元
化变化所衍生出的全新结构。

　　根据目前的观测与记录，每个人类细胞
核心部分共含有染色体23对，而每一对染

色体内仅汇聚了构成核酸分子的碱基就高达60亿个以上。可以想象在人类所处的维度中，这种结构趋于复杂的衍进显然花费了极其漫长的过程。与之相应的，随着物质真核细胞内部结构与外部形态衍生出的不同变化形态，其原本通过吸纳、分解与释放对于环境要素产生联动而维系其自身存在必要方式也由此产生着不同方向的衍化。这是一种在原本与环境要素产生联动呈现网状与线状等不同结构组成部分基础上进一步衍生出更加复杂的分工与结构的必然过程。

这种使得物质状态逐渐向更加具有生命特征形态的衍进过程作为不断打破物质间原本相互均衡的必然过程，其自身同样存在着源规律所赋予趋向于建立全新均衡的基本特征。作为源规律独立载体，物质状态每一次

打破所处环境中的原有均衡，都将在趋向于
均衡的基本特征影响下建立起全新的均衡。

而随着物质状态在所处维度更多的呈现出具
有生命特征的表现形式，打破环境要素原有
均衡的过程也将直观的表现为生命体对于环
境要素依托的加剧。这种由自身数量递增所
造就的矛盾关系将随着一定阶段内性质、结
构、大小、适应环境都存在显著差异的生命
体间彼此所建立起的全新生存秩序而再次趋
于均衡，这是一种通过自身结构分工与合作
而获得当前最具支配性生物形态意志所建立
的统一生存秩序。

　　在这种秩序建立的整个过程中，物质真
核细胞原本统一的通过吸纳、分解与释放对
于环境要素产生联动呈现网状与线状等不同
结构组成部分，将根据所处环境的恶劣程度

在寻求维系与环境进行联动同时不断向更加复杂结构进行衍化，从而进一步获取对环境要素以及于其他真核细胞的支配能力。这使得不断衍生出相应复杂结构的生命体中通过吸纳、分解与释放对于环境要素（酶）进行联动的过程也逐渐转化为对于更加复杂微观物质的吸纳以及对于简单结构物质进行吞噬而更加直观呈现。

如果在物质真核细胞孕育初期，生物间物竞天择与弱肉强食的自然规律并不能够有效的体现，那么随着生命体细胞染色体数量、结构与排列方式向更加复杂结构的衍进过程，这种被广泛认知的规律也逐渐展示的更加清晰。

在尚未形成这一阶段统一的生存秩序前，以真核细胞为基础生命体的衍进形式根

据其所处环境分别呈现出了包括圆形、椭圆、条状、喇叭状以及流动态等不同形态，也由此相应衍化出了便于对于环境要素进行支配的鞭毛、纤毛伸缩泡体与放射性丝状物质等不同结构而呈现出截然不同的衍生方向。目前被人类分别命名为草履虫、变形虫、太阳虫、喇叭虫、酵母菌、衣藻等生命形态实际上都是在这一时期单一生物细胞寻求建立统一生存秩序而形成不同方式衍进的必然过程。

作为遵循源规律不同维度间相互联动在所处维度中必然过程的生命形态，随着源规律所赋予物质多元化分化衍进呈现出的统一性在这一阶段更加直观的表现为单一生物细胞生命体间所建立的生存秩序，这种原本停留在规律层面的必然性衍进过程也更加具体的分化为生命体的个体意志。由于很难将这

种呈现无序状态的分化衍进方式进程进行明确的分类，目前人类往往忽略了这一由源规律所赋予物质分化衍进整体过程中的统一性与连贯性。

随着单细胞生命体逐渐向多细胞生物进一步衍化，作为拥有均衡而完善感官系统的人类在漫长存在过程中不断对于物质性质以及生命意义的探索过程实际上也是这种基本特征在目前环境内所呈现出的基本表达方式。而无论通过这种多元化衍进所孕育出的生命体具有何种完善的结构与感官系统，也都将随着物质数量的进一步增加而产生根本性的变化。我们也将由此进一步探寻物质漫长衍进过程中所展示出被人类忽视的统一源规律。

（六）生命（下）

　　随着不同维度间多元化的复杂联动所孕育正负状态在人类所处维度中更多以动态的生命形式与生物特征进行表达，作为始终趋向均衡却无法获得完全均衡源规律独立载体的单细胞生命体，由于自身数量不断递增对于所处维度环境要素需求相应增加而不断通过其外部形态与内部结构产生复杂衍进的过程，实际上也是单细胞生命体内核心染色

体所汇聚核酸分子、蛋白质等微观物质产生大量复杂基本变化所积累量变的同步反馈。

这种互为因果的必然关联同样也将使得地球自外部逐渐产生打破原本稳固结构的基本变化,并通过孕育物质状态过程中包括原核细胞蓝藻放氧等动态过程给予以真核细胞为基础单细胞生命体提供相应变化的生存环境。也就是说单细胞生命体随后逐渐向更加复杂结构多细胞生命体的多元化衍化过程实际上也同样是根据地球在不同时期所提供不同生存环境而相应孕育出具有不同生物功能的衍化方向与类别。

在由多重维度在所处维度中所构成的动态生存环境中,作为通过自身数量不断递增对于所处维度进行填充的源规律载体,生

命体不断向具有不同特征生物功能的具体衍化过程实际上全部来自于原本通过吸纳、分解与释放与环境要素进行联动所产生对于环境要素适应与抵抗能力的不断优化。这种优化将造就已经呈现出多复杂衍进序列的单细胞生命体间进一步产生更加多元化的衍化方向与类别，并促使其向更加复杂结构的多细胞生命体进行衍化。由于地球所提供生存环境是随着其自外部产生打破原本稳固结构基本变化而相应变化的，而这种动态变化又由于受到相邻维度彼此联动的共同影响，因此在向目前人类所适应的碳基环境衍化的过程中，地球表面在包括温度、湿度与气体含量等方面始终产生着不同的变化，并由此逐渐构筑了包括海洋与陆地等各异的独立生存环境。生命体也由此在对于生存环境抵抗能力

与适应能力优化的过程中，依据相应特点而衍生出各自独立的消化、呼吸、运动、隔热、吸水、生殖与信息传递等不同方向的生物功能。而不同生物功能的衍化同样来自于不同维度复杂联动所造就生命体核心染色体内微观物质产生大量基本变化所形成的量变反馈。

在不断优化抵御与适应所处环境的能力同时，不同生命体通过吸纳、分解与释放对于环境要素联动关联的提高，实际上也将随着生命体结构的逐渐复杂而表现为在所处相应环境下生命体间以及与其他物质所建立的共同生存秩序。作为源规律独立载体，生命体不断向更加复杂结构衍化的最终目的在于通过全新生存秩序的建立使所处环境趋于均衡，而生命体自身最基本物质属性的分裂与

遗传功能则使得其必然又随着自身数量的递增再次打破这种秩序所建立的均衡。这种物质存在最根本性的对立矛盾使得在打破原有生存秩序后，生命体间往往在彼此相互掠夺与吞噬过程中通过核心染色体数量与结构变化以极致的衍化方式获取对于生存环境的最高支配能力，而随着生命体通过不断衍化而建立起趋向于均衡的全新生存秩序，染色体所汇聚复杂微观物质间又将通过一部分在分裂过程中保留并不断增加的、目前被称为基因的特定数量微观物质不断优化其对于环境要素与其他生命体的支配能力。在生命体间趋向于均衡的全新生存秩序建立后，这种优化将使得生命体对于环境要素的支配能力趋向于更加效率的、合理的、以及更加赋有智慧的。

　　在地球所提供的不同生存环境中，生命
体的衍化进程与分类显然也存在着显著的
差异，这种差异取决于生命体通过吸纳、分
解与释放与环境要素进行联动的难易程度。
截至目前人类所处的碳基环境，存在于陆地
环境的生命体依然能够通过基本的光合作用
等实现与环境要素的联动并获取维系自身存
在的大量微观物质，因此这一类目前被划分
为苔藓、蕨类、裸子与被子等由苔藓类单细
胞生命体所衍生的植物衍化进程显然相对缓
慢，而衍化分类也相对较少。而在海洋类更
加恶劣的生存环境中，同样由单细胞生命体
向更加复杂结构的衍化过程则显然更加快
速。

　　一切物质的存在虽然始终遵循着具有绝
对支配性的超然源规律，但在规律范围内一

些具体的衍化过程显然是源规律本身并不可控的。在同样不断寻求建立全新生存秩序的过程中，生存难度更大的海洋环境造就了生命体在抵御与适应环境过程中更多的呈现出动态的主动特征，因此相比于适宜的陆地环境，海洋环境内自海绵状的最简单结构多细胞生命体开始，通过吸纳、分解、释放与环境要素进行联动的衍化过程在衍化类别与衍化程度同样都具有更加显著的效率。目前人类习惯于物竞天择与生物潜能来描述处于逆境对于生命体衍化需求的刺激作用，实际上在衍化至多细胞生命体的最初阶段，这种刺激就已经根据地球所提供生存环境产生了根本性的差异。

海洋环境中多细胞生命体抵御与适应更加恶劣环境要素的衍化过程促使其不断快速

的产生着外部形态的进化，这包括单细胞阶段原本存在于特定位置对于环境要素进行吸纳的网体开始大量分布于生命体表面，并由此不断衍生出包括脊索、网状神经系统、更加复杂完备的消化、排泄、运动系统。以及更加完善的脊椎、柱状神经系统、内分泌系统，中枢神经系统，小脑、大脑等重要器官。生命体的外部形态也根据环境逐渐由无脊椎向有脊椎，由海绵体向腔肠、扁形、线形、环节、软体、节肢以及更加复杂的鱼类、两栖、鸟类、爬行、哺乳等形态不断衍化。而漫长衍化过程中不断建立的生存秩序也使得生命体逐渐形成更加具体的感官联动、信息分类、不同物质间相互关联的识别以及更加高级的综合评判、个体意志，并在原本被动的吸纳基础上产生主动的、有针对性的、对于环境

内特定生命体的捕捉、吞噬等生物功能与生
物习性，以及相应的情绪、情感与理性的逻
辑等能力。

根据目前人类的统计信息能够清晰的观
察到直到海洋生命体所衍化出的两栖类开始
向更加适宜的陆地环境登陆，陆地环境内的
生命体植物依然保持着缓慢的衍化程度，而
在地球相对有限的生存环境中生命体在进一
步不断优化对于环境要素支配能力使自身产
生衍化的频率也在不断地加快。

另一方面，同样作为源规律独立载体的
生命体虽然依据生存环境导差异致其衍化程
度与分类方面存在着显著的优劣，但在通过
分裂与遗传功能不断实现自身数量递增的具
体过程却依然保持着共同的衍化轨迹。随着
决定生命体外部形态的核心染色体数量与结

构不断向更加复杂衍化，自海洋无脊椎类生命体以及陆地蕨类植物开始，原本单细胞生命体阶段染色体在细胞内完成的复制过程，将随着染色体结构的复杂而不得不进行延长，并由分裂母体内的成长过程以及分裂后分裂子体的独立成长过程合并完成复制。这使得分裂母体逐渐衍化出更加完善生殖系统在原本染色体一分为二的分裂过程基础上再次分裂，并在分裂子体继续成长并在一定时期成熟后通过生殖系统的交配继续产生分裂。

这种根据生命体衍化进程所形成的全新分裂方式不但造就了生命体间性别的划分，同时更加重要的是明确了分裂母体与子体间彼此的职责与关联。由于不断优化对于环境抵御与适应能力的分裂子体需要在分裂后的

一定时期内继续成长才能够完全成熟并获得
与分裂母体完全相同的外部形态，因此在分
裂子体承担对于母体能力的优化责任同时，
分裂母体也相应承担着对于子体分裂后成长
过程的保护责任。随着在不断建立趋向于均
衡生存秩序过程中生命体更加完备生物习
性、个体意志的形成，生命体自身分裂方式
所构成的相互职责与关联也更加深刻的烙印
于精细体现超然源规律的社会属性层面中，
并在目前由人类所建立全新生存秩序这一阶
段内有效的主导着人类情感的主要来源。

目前人类的普遍认知体系中依然对于人
类自身天性的善恶存在着严重的分歧，实际
上作为单细胞生命体衍化至目前对于环境要
素最具支配能力的衍化类别，人类自身同样
是源规律通过对于自身载体数量增加对于失

衡环境要素进行填充使其再次趋于均衡整体过程的必要步骤。在趋向于均衡的生存秩序建立后，人类将自然的通过基因数量的增加使用更加合理、智慧的方式优化着对于所处环境内一切物质的支配能力。而当人类自身数量的递增打破目前所建立的生存秩序后，人类也无可避免地再次陷入通过极致手段保证自身存在的野蛮衍化方式。也就是说人类自身行为的依据仅仅是生命体漫长衍化序列与分裂方式在不同阶段的表达形式，因此在热衷于目前来自不同侧重点的、复杂甚至并不能够自圆其说的不同知识类别同时，我们显然更加不能够忽略生命体总体衍化进程大道至简的共同源规律。

我们之所以反复对于目前并不能够获得完全依据的生物多元化衍进过程进行强调，

目的在于希望将物质的最基本属性与生命体复杂的衍化进程建立起统一的认知体系，而并非某一局部进行切入。在随后对于源规律更加细致的展示于人类社会层面的发展过程进行详细的描述过程中，这种统一的认知体系也将使我们清晰的观察到源规律的认知程度对于人类自身言行产生影响的具体过程。

（七）农耕（上）

　　随着地球所提供相对恶劣海洋环境内生命体逐渐尝试对于适宜陆地环境的登陆，海洋生命体也迅速地完成了对于陆地环境内衍化进程缓慢生命体植物的支配，并由此逐渐依据不同生存环境衍化为爬行、鸟类、哺乳等具有更强生物功能的全新生命类别。

　　在通过自身类别的衍化而不断建立起全

新生存秩序的过程中，可以说生命体的衍化实际上是由所处环境的变化被动导致，而所处环境向更加恶劣变化又来自于超然源规律通过其载体数量递增所形成。因此生存环境的复杂与恶劣促使生命体在以维系自身数量递增为前提的基础上向极致的生物功能衍化，并通过染色体结构与数量产生直接变化。而随着具有支配地位生命类别所建立起全新的生存秩序，同样在确保自身数量递增的前提下，生命体核心染色体将不再通过结构与数量产生变化，而是通过其中部分被命名为基因数量的增加实现对于所处环境抵御与适应能力的优化。

这种优化随着全新生存秩序的建立使得不同生命类别间维系自身数量递增的方式由原本野蛮的相互吞噬依据其衍化进程逐渐转

化为更加效率、准确、合理、并赋有智慧的协作共生关系。这种被人类认定为自身进入文明状态的标志或是用进废退的自然规律，实际上都是作为通过自身数量递增使所处环境趋于均衡的源规律载体在不断衍化过程中的必然结果，同时也是目前处于支配地位的人类建立全新生存秩序的具体过程。

而在漫长的衍化过程中，无论是由于基因数量递增所导致生命类别对于生存环境适应与抵御能力的加强，还是不断递增的生命体数量占地球所提供相对有限生存环境比例逐渐增加而加剧生存难度所导致，生命体通过不断建立全新生存秩序而使所处环境趋于均衡的衍化周期显然在逐渐缩短。根据目前人类对于生命体衍化进程的推测，在早期单细胞阶段，生命体通过适应与抵御环境要素

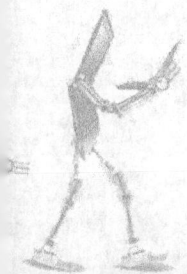

能力优化所建立起全新生存秩序的过程需要长达十数亿年以上，而由灵长类猿人向现代智人的衍化进程则仅仅花费了300万年左右。

在不断缩短的衍化周期内，由于生命体的衍化进程并非单一的类别交替，而是随着漫长衍化不断衍生并丰富着全新的类别，而不同生命类别在目前由人类所建立生存秩序中一旦获得保证自身数量递增的稳定方式也将同样通过基因数量的增加优化着自身对于环境要素的适应与抵御能力。因此作为物质状态衍化至今最具支配性的生命类别，人类虽然已经充分发挥了对于环境内一切物质的支配能力，并且获得了完全区别于他生命类别的生存方式。但对比被人类最早驯化的犬类基因数量却可以清晰地发现，犬类1.93万与人类2-2.5万的数量并不存在极大的差

别，而其他猫科与鼠类基因数量也与人类存在着极高的相似程度。同时在通过条件反射实验对于生命体适应环境优化的实验中，人类也确定了除人类外的其他类别也同样存在着自身的能力优化过程。这表明虽然自身数量递增依赖于人类在不同生命类别间所建立的生存秩序，但无论任何生命类别也都将随着在全新生存秩序中通过数量递增对于所处环境适应与抵御能力的优化实现不同层次的、趋向于均衡的、向"文明"状态衍化的必然过程。

在目前依据不同切入点所划分出的相应知识类别中，被广泛接受的、对于人类社会层面演变过程的认知体系往往将生命体自身物质基本属性所决定的整体衍化进程刻意的以工具的使用、对于其他生命类别的驯化、

以及农耕技术的掌握等划分为严格的阶段。实际上在以人类意志所建立的全新生存秩序中，一切阶段性的变化都是在以维系自身数量递增为前提，通过自身能力与生物功能不断优化所产生的必然结果。既然源规律所赋予其载体在数量不断递增过程中始终保持着对于环境要素抵御与适应能力的不断优化，那么这种一脉相承的递进关系显然也并不应该进行过多的零散拆分。

随着人类不断在分裂过程中通过数量的增加实现对于生存环境适应与抵御能力的优化，这种优化也将更加具体的表现为对于生存环境内一切要素综合支配能力的不断优化。因此当人类能够逐渐通过更加效率、准确、合理、赋有智慧的利用环境要素的一切资源后，在原本野蛮的捕食与吞噬基础上人类也开始尝试与其他生命类别建立彼此更加和谐的协作共生关系。

根据目前人类的考察进行推测，衍化出大脑与完善生物功能的现代智人在距今约1.5万年前已经开始与部分狼群尝试建立协作共生关系。在放弃了对于狼群的猎杀后，人类逐渐通过驯化逐渐实现了与部分狼群建立共同狩猎、起居的共生关系，而接受人类驯化也使得部分狼群由于生存压力的降低与自身数量递增速度的增加而加速其基因的优化，并由此逐渐分化为完全脱离野蛮习性的犬类。

在接受驯化的过程中，由于保证了自身数量的稳定递增，被驯化的犬类也由此同样加剧了其由于基因数量而对于环境适应与抵御能力的优化程度。这表明虽然不同地区

所产生驯化的过程更多被视为个别与随机现象，但实际上人类加剧其他生命类别基因优化的过程显然延续着超然源规律通过其载体数量增加对于环境进行填充而建立趋向于均衡全新秩序的整体进程。

在尝试通过驯化实现不同生命类别数量共同递增的协作共生关系后，这种趋向于均衡秩序建立的整体过程显然也将向其他与人类保持比较频繁联系的生命类别不断蔓延。随后人类开始尝试与更多不同生命类别建立协作共生关系，而相应方式也随着人类不断优化对于环境要素支配能力而趋向于更加效率、合理的改善。并由此在被动的协作共生关系基础上衍生出主动性的、以保证不同类别数量共同递增为前提对于其他生命类别进行刻意的培育。

　　这种以饲养家禽为标志培育同样是以保证自身与相应生命类别数量不断递增为前提，而在相对野蛮、恶劣的生存环境中保证人类自身数量递增更具深远意义的变革在于对于原本陆地环境内衍化进程缓慢的植物类别生长过程的模仿与培育。根据目前人类的考察信息，距今约 1.2-1.3 万年前，人类已经完全掌握了通过模仿生存过程将禾本科植物祖本培育至包括栗等不同农作物的具体方法，而农耕与饲养的混合也造就了在一定时期内人类数量源源不断的大规模递增。

（八）农耕（下）

农耕技术的诞生赋予了人类数量得以大规模递增的基础条件，由此所获得相对稳定的生存环境也使得人类基本完成了对于所处环境内一切生命类别间趋向于均衡生存秩序的建立，并相应放缓了自身的衍化进程。随着群体数量递增而不断优化对于环境要素综合支配能力则主要体现在对于不同生命类别培育方法的改善。

在通过焚烧丛林将原始的狩猎与更加效率的农耕进行结合的过程中，当逐渐意识到燃烧殆尽的疏松土地有助于对于农作物的生长，人类在最初阶段对于作为衍化进程缓慢生命类别农作物培育方式的变化主要来自于这种相对被动的环境选择。而环境选择的另一方面，人类在原本粗糙石质工具基础上制作出了更加精细的翻耕工具，这将同样有助于人类这一阶段更加效率的对于农作物进行培育。

原本陆地环境中衍化进程相对缓慢的生命类别也相应随着人类的培育而大幅加剧其基因数量、甚至染色体结构等方面的衍化进程，并在自身外部形态逐渐产生衍化基础上实现了群体数量（农作物产量）的递增。而

这种数量的递增在源规律通过其载体数量递增而建立趋向于均衡全新秩序的整体进程中显然也是顺理成章的必然环节。

在尚未通过更加主动的包括施肥等方式进一步对于农作物进行培育的时期，相对依赖环境的连续耕作后土壤将因此逐渐丧失孕育作物快速产生衍化的养分，人类也需要等待土地环境恢复后才能够继续进行耕作。根据目前人类的观测，在地球大陆环境的亚热带地区，土壤恢复作物生长并且重新开垦的周期大约为5至7年，温带地区则需要花费更长的周期。但不断寻找适宜火耕丛林而迁徙的过程中，人类已经由此逐渐产生了自身生存方式的改善。而由于作物数量递增（产量）稳定，这种连续耕作与定期休耕交替的生存方式也将成为孕育人类进一步通过生存

方式的改善迈向文明大门的摇篮。

在趋向于更加效率的生存方式过程中，通过数量递增对于环境要素支配能力的不断优化也使得人类相应衍生出更加主动与合理培育方式，并由此开始逐渐尝试通过灌溉调节土壤温度与湿度的方式满足农作物对于水的需求。这种更加效率的培育方式使得人类不再由于完全被动的依赖环境而导致定期迁徙的生存方式，而可以更加稳定的聚集于由冰川融化形成自高地汇入海洋的河流流域两侧，并由此实现了完全定居的全新生存方式。

目前人类习惯于将自身群体不断优化对于环境要素支配能力所产生更加效率、准确以及赋有智慧的行为方式认定为文明状态的产生，实际上人类使用的词语文明（civil）却是来自于类拉丁语言城市（civil）的沿

用。也就是说通过更加稳定生存方式更好的实现群体数量递增显然是保证人类通过基因数量不断优化自身能力的基本保障。而在至今约 8000-9000 年的时期,生存方式的改善显然足以为今后的人类璀璨文明诞生提供了足够的保障。而在这一时期随着人类对于不同生命类别农作物培育方式的改善,种植的农作物类别也依据土壤环境衍生出包括粟、黍、稷等谷物,并在随后的数千年内更加精细的划分为小麦及稻、麦、豆、麻等类别以及相应各异的加工方式。而对于其他生命类别的饲养与驯化也在漫长的过程中逐渐扩大至马、牛、羊、猪、狗、鸡等类别。

另一方面,生命体的漫长衍化进程中,随着自身染色体数量与结构逐渐复杂,生命体的分裂与遗传方式也由此产生了相应方式

的衍化。作为生命衍化至目前最具完善生物功能的生命类别，人类通过染色体分裂、母体内胚胎发育以及脱离母体后包括大脑等核心器官的继续发育过程至少需要 4-5 年，而完全成长为与母体相同具有分裂能力的成熟个体则需要花费更加漫长的过程。在数量不断递增过程中，这种分裂方式所衍生出子体对于分裂父母体支配环境要素能力的优化与父母体对于子体成长过程承担的保护的相互责任，也将随着人类更加效率的定居方式逐渐建立起更加细致的、以婚姻与家庭为单位的社会关系。

在所处纬度内生命体衍化进行的最初阶段，生命体的分裂仅仅是延续并保证自身数量递增的必要方式。而随着生命体衍化出复杂而完备的类别，分裂的子体与父母体间的

相互责任也随着不断完善生物习性而衍生出相应的伦理观念，并由此诞生了目前人类依然延续着的家庭与婚姻制度。但在通过完全定居改善生存方式的最初阶段，这种制度的形成显然也并非如此一蹴而就，而同样需要随着人类综合能力的优化逐渐形成。

通过对于地球大陆东方黄河流域早期发现的、比较简陋的屋舍遗址中对于丧葬形式的考古资料记录可以清晰地发现，在生存方式发生根本性改善的最初阶段，除去同性合葬、多人合葬、男女分区葬、母体和子女合葬外，并未发现存在父体与子女合葬的现象。这表明这一时期的社会关系主要是以母体为核心，并初步形成了有血缘个体所组成的初步氏族关系。这表明即便衍生出了发达的大脑皮层，人类在对于环境要素精确识别与计

算基础上个体意志与综合情感等综合生物习
性的形成过程显然也是随着数量递增而优化
综合能力逐渐产生的，生存方式的改善则起
到了有效促进了生物习性的衍生推动作用。
不仅如此，其他一些具有较高生物功能的类
别同样在保证自身数量递增的前提下都在被
人类影响、甚至自发的产生了趋向于均衡的
群居关系。

　　随着定居于河流流域两侧稳定的生存方
式不断加剧人类个体意志与综合情感等生物
习性的形成与完善，人类社会层面原本以带
有血缘关系母体为核心的初步氏族关系也逐
渐衍化为以能够代领群体进行运河开掘、水
渠挖掘、堤坝建造以及其他水利设施的父体
为核心的全新社会关系。父体也在婚姻制度
逐渐巩固的过程中更多的分担了母体对于子

体成长阶段的保护与培育责任。并在完全放弃野蛮、并趋于和谐生存方式的基础上随着综合情感的完善而更加注重言行的礼节、礼仪，从而由此完成了在足够群体数量递增前提下趋于均衡的衍化进程。

在漫长衍化进程中，生命体展示自身趋向于均衡物质属性的前提在于能够保证自身数量的稳定递增。即便人类在漫长衍化进程中虽然占据了最具支配性的位置，通过基因数量不断优化自身对于环境要素综合支配能力同样基于群体数量保持稳定递增。而在目前地球提供的碳基生存环境中，除去处于温带河流流域两侧满足灌溉农耕的部分地区，大部分高原、荒漠、沙地、林地等环境显然难以使人类被动的对于生命类别向农作物进行培育。这导致了生存在这类地区的人类与

其他生命类别建立协作共生关系依然停留在以驯化方式为核心的相对野蛮阶段。我们虽然详细的描述了通过掌握农耕技术使得部分人类群体率先进入文明状态的具体过程，但在直到距今约 5000-6000 年的时期内，这类农耕群体显然在人类整体中仅仅占据着冰山一角。

此后随着群体数量递增使得两类群体更加频繁的产生着相互交融，野蛮群体也在不断对于农耕文明进行摧毁的过程中逐渐完成着人类整体对于环境支配能力优化进程的同步。在人们感叹众多耀眼文明覆没于野蛮铁蹄的同时，实际上这种综合能力优化的同步进程仅仅是源规律用于其载体数量递增对于纬度环境进行填充的必然步骤。

（九）天象（上）

在漫长的生命衍化进程中，随着部分人类群体通过农耕技术的掌握率先开辟了通向全新生存方式的道路。在保证群体数量更大幅度递增基础上，对于环境要素支配能力的不断优化也使得人类与其他生命类别间不断建立着更加合理、效率、和谐的，以协作共生为前提达到群体数量共同增长的生存秩序。而建立全新秩序所涵

盖生命类别也与群体数量递增进程相对应逐渐扩大至人类所处维度内的更大范围。

    在建立生存秩序范围不断扩大的过程中，由染色体复杂结构与数量所决定的、人类对于维度内一切物质准确分类、相互关联识别以及狭义联想等生物潜能将随着染色体内趋向稳定基因数量递增而衍化为人类完善的个体意志与综合情感。随着不断形成对于环境要素支配能力的优化与生物潜能的激发，在掌握通过培育等方式实现其他生命类别群体数量稳定递增方法基础上，人类也由此更加重视包括自身在内生命类别间的相互关联，以及包括孕育、诞生、存在、消逝生命体存在含义的由来。目前人类与生俱来的对于物质存在与相互关联的好奇与探索精神

实际上即是在保证自身数量稳定递增前提下，生命体建立趋向于均衡生存秩序整体衍化进程中自发的、顺其自然的步骤。也就是说只要提供稳定生存方式与衍化进程作为保障，作为逐渐完善综合情感的组成部分，人类对于包括自身在内物质性质与由来的探寻并不存在地域与具体环境的差别。

另一方面，随着不断通过环境支配能力优化而与其他生命类别建立和谐、效率的协作共生关系，人类对于这种生存秩序的确立与维系也相应需要通过不断完善与提高农耕技术与工具使用来满足不同群体间共同的稳定递增速度。也就是说众多维度间相互关联在所处维度中造就生命体不断建立趋向均衡生存秩序的总体衍化进程中，生命类别所建立生存秩序越完善、覆盖类别越广泛，其自

身分裂过程也就相应越漫长，而以分裂过程所遗传最基本生物本能适应相应环境的难度也越大。同时也越需要分裂父母体在子体脱离母体继续成长的过程中，在遗传基本生物本能的基础上主动添加对于包括驯化、饲养、农耕以及工具使用方式与技术的教授与传递。

这表明在地球所提供动态生成环境衍化至目前的碳基环境过程中，由单细胞类别阶段简单的母体内完成全部分裂过程逐渐发展至人类子体在母体外接受保护与传承、并对于父母体综合能力进行优化相互责任的确立，同样是生命体不断向复杂类别衍化整体进程所产生的必然反馈。这种变化也将与人类综合情感完善过程中不断扩大对于所处维度感官极限范围内物质间相互关联信息的收

集，合并构成人类社会层面的必然性发展规
律与轨迹。

这种延续生命体自身始终趋向于均衡物
质属性为基础的发展规律，将在一定时期内
起到更好促进人类群体数量稳定递增的重要
作用，而群体数量的稳定递增也将相应带来
更加丰富人类社会形态与社会关系的演变。
在不断完善的人类社会形态中，除去原本对
于不同生命类别存在规律的观测外，对于环
境要素支配综合能力不断优化的人类也更加
重视所处维度内昼夜更迭、季节变化等自然
现象与不同生命类别间的相互关联与影响，
并由此逐渐扩大着收集物质状态存在规律相
关信息的极限范围。这种变化既来自于自身
综合能力不断优化所导致的必然结果，同时
也是人类群体继续稳定递增至目前庞大数量

所导致生存难度加大所衍生出适应环境过程的必然步骤。

在观测工具十分匮乏的最初阶段，距今约 5000-6000 年前的人类显然无法完全获取由不同维度内遵循超然源规律物质状态的复杂关联在所处维度中所孕育的整体衍化进程，也无法在短时间内对于提供生存环境地球的球体结构、自转与共转等运动规律以及目前由此推测出的"宇宙"范围产生明确认知。这一时期仅对于不同天体的识别与运动规律的观测就将使人类花费漫长过程与较大带价。而在发展至以稳定家庭为单位的社会关系后，这种通过漫长过程积累的观测信息对于分裂子体传承方式也促使家庭内分裂父母体产生了相应的明确分工。父体由此更多地承担了在分裂子体脱离母体继续成长过程

中促使其获得必要生存方式相关信息的传承
责任，而母体则更多的承担着对于分裂子体
更加精细的呵护作用。

　　对于以密度所划分维度间物质状态衍化
所共同遵循源规律的认知，人类显然在不断
优化对于环境要素支配综合能力过程中相应
提高着认知范围与关联程度。这种转化为生
物功能的综合性优化使得目前人类已经能够
通过观测工具有效延伸自身感官极限范围，
并依据所划分的恒星、行星与卫星等天体运
动轨迹将极限的认知范围扩大至浩瀚的"宇
宙"。而在更多以自身感官对于所处环境极
限范围进行观测的阶段，人类显然难以辨别
与地球距离所导致自身感官内不同天体间的
正确大小比例关系。因此在人类的感官极限
范围内所呈现出不同大小的天体显然在这一

时期也被认定为与所处地球等距离的，这种观测范围的局限性也由此衍化为与地球同心、并以人类感官极限距离为半径距离的，目前被命名为"天球"的这一时期人类对于所处维度极限的假想球体。由于处于地球局部区域的人类存在着相应观测角度局限，因此在尚未获得地球球状结构的整体认知以前，人类并不能完全对于假想球体的完整圆形结构进行整体观测，而这一时期假想球体呈现在人类感官范围的则是对于地面呈现笼罩形态的半圆形结构。

由于"天球"的范围是以地球为圆心向外扩撒的、具有局限性的同心圆形结构，因此地球的自转与公转轨迹在聚集于地球本身的人类感官范围内则呈现出不同大小比例天体在与地球等距离假想球体轨半圆形道上进

行的环绕运动。而人类在这一阶段对于所处维度感官极限的观测重点就在于将大量并无明确特征的天体进行有效的分辨与识别，并通过对其运动规律的观测与记录获得综合情感中对于维度内一切物质相间互关联印证的重要步骤。

通过漫长的观测与积累过程，生物功能不断进行综合性优化的人类逐渐印证了生存环境内的昼夜交替、季节、年份更迭等自然现象都与维度极限范围假想球体半圆形轨道中进行环绕运动各异天体的环绕周期相对应。而通过对于天体运动规律进行观测不断加剧物质间相互关联的认知也为人类不断扩大与其他生命类别通过协作共生方式建立全新生存秩序的有效范围提供了足够的保障。

依据目前人类的观测信息，由于赤道部

分的突出导致地球自转轨道存在着相应的偏离周期，这种时隔数万年为循环的细微偏离导致人类感官内的假想球体范围中并没有与地球南北极延长线始终保持完全对应的天体，而所处地球提供生存环境自身南北半球对于天体数量与运动规律的观测也并不完全一致。由于观测信息尚无法跨区域进行分享，因此这一时期通过农耕技术掌握完全改善生存方式的零散人类群体间，人类对于半圆结构范围中心定位、天体命名以及运动规律等方面都将存在着彼此的偏差，这种偏差与不同区域的地理环境相结合则构成了社会层面的显著差异，并将直接导致目前人类对于各地域间进入文明状态进程优劣的对比与争论。

实际上与狼群中驯化出的犬类、植物祖

本培育出的农作物相同，生命类别一旦保证自身数量的稳定递增，都能够促使其通过基因数量有效的加快对于环境要素支配能力的优化，以及自身生物功能的完善。人类产生对于天体运动规律相关信息的收集行为同样来自于生物功能与综合情感的优化与完善所导致对于维度内物质间相互关联认知的提高。而在地球所提供温带河流流域两侧相似的生存环境中，这种对于环境要素综合支配能力优化所带来的必然步骤显然也在人类建立全新生存秩序的总体进程中保持着大体的同步。作为拥有始终趋向于均衡物质属性源规律载体的整体衍化进程，我们也应该尽量忽略由于地域差异所导致部分进程的阶段性偏差。

（十）天象（中）

　　漫长衍化进程所孕育出的不同生命类别，实际上同样是以密度划分维度间遵循超然源规律打破并趋于全新均衡物质状态所产生复杂关联的表现形式。生命类别间的相互关联由染色体内汇聚庞大数量微观物质量变所积累，而这种积累又在生命群体数量获得稳定递增前提下不断优化对于环境要素综合支配能力以基因的数量递增形式进行表达。

生命体漫长的整体衍进进程中，人类在生存环境内通过对于其他生命类别以驯化、饲养、主动培育等以协作共生方式建立全新生存秩序过程，实际上是对于所处维度内物质状态间量变所积累相互关联进行识别、分类与分辨等综合能力不断优化形成完善与丰富个体意志与综合情感的必要反馈。在保证群体数量稳定递增前提下，这种必然性的衍化规律将随着对于环境要素支配综合能力的进一步优化，使得人类在维度内物质状态间相互关联认知基础上不断加强对于时间与空间关系间关联的识别与认知。

也就是说在通过与其他生命类别建立协作共生关系生存秩序的过程中，人类逐渐印证了不同生命类别间都存在着自身生存周期后，对于感官极限的假想球体范围内天体运

动规律相关信息的收集在延续不断扩大建立
生存秩序的极限范围外，也为人类逐渐加强
对于所处维度内整体时间与空间关系间相互
关联认知提供了足够的依据。在缺乏更大范
围观测工具的时期，虽然尚无法对于通过数
量递增对于维度进行填充的整体衍化进程产
生明确认知，但在能够保障群体数量稳定递
增的前提下，人类对于维度内空间与时间关
联认知能力的提高显然是综合能力不断优化
所造就的必然过程，这种过程在处于温带地
区的不同农耕群体间显然也呈现着大体相同
的轨迹。

对于维度内时间与空间关联认知的逐渐
加强将有助于人类形成更好的自我定位，并
由此推动社会层面分裂父母体与子体间形成
更加明确的血缘、辈分与伦理观念。而将感

官范围内不同物质状态间存在周期更加有效串联以获得更加具体时间与空间关联认知的关键则在于寻求所处维度内能够衡量不同存在周期间的统一参照物，随着对于天体运动规律的漫长观测与记录，比较容易被观测到的太阳在感官极限范围半圆形假想球体内环绕运动轨迹的区域显然成为这一时期不同农耕地区人类的共同参考标准。

在逐渐确认太阳在假想球体范围内规则的环绕运动规律后，综合情感不断完善的人类由此逐渐意识到对于生存环境内大部分生命类别生存周期产生重要影响的季节更迭过程与太阳的环绕运动轨迹几乎是完全相对应的。也就是说在由半圆形结构假想球体所笼罩于地面的区域内相互关联的物质状态间显然存在着彼此共同的衍化规律。在逐渐确立

了以太阳环绕运动轨迹周围区域为统一参照标准后，人类由此越发确信所处维度内物质状态共同衍化规律的存在。作为不断优化对于环境要素支配综合能力而相应加强对于时间与空间关联认知的必然性衍化进程，在漫长的人类社会发展过程中对于维度内物质状态共同衍化规律的认知程度也将是反馈人类综合能力优化程度与进入文明状态程度的重要依据。

确立了以太阳环绕"黄道"区域一周的运动轨迹作为统一参照依据，人类也由此推算出太阳系内与地球距离较近的其他行星在这条轨迹上的环绕运动周期，并通过不同行星的运动规律对于自身与其他生命类别的生存周期进行有效的标记与划分。而其中被人类重点记录的是行星木星在太阳运动轨道区

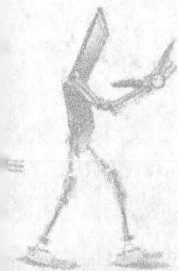

域为期约 12 年的循环周期以及行星土星在

太阳运动轨道区域为期约28年的循环周期。

　　与简化至目前人类认知时间与空间关联
普遍佩戴的圆形表盘相比，这一时期人类对
于以太阳在"黄道"区域环绕运动周期为参
照依据对于其他天体运动周期的观测、记录
的作用实际上是起到与对于圆形结构表盘进
行观察作用相对应的。太阳环绕运动区域在
假想球体结构内所画出的规则圆形即与表盘
的圆形结构相对应，而太阳一个环绕运动周
期内行星木星所停留的不同位置恰好将规则
圆形轨迹划分为 12 等份使得木星的运动规
律与表盘中的时针作用相对应，使得两者共
同构成了在感官极限假想球体半圆结构内以
年为单位的圆形表盘。

　　同时，两者相结合也构成了这一时期人

类加强对于空间与时间关联认知的重要依据。根据行星木星所处 12 等份的不同位置，人类在以年为单位的基础上对于年份间的周期关系进行了更加精确的划分与排列，而这种 12 等分的记录方法也由此逐渐顺延至更加具体的、对于以昼夜为单位一日等不同周期的划分。人类也由此在不断增强对于维度内空间与时间关联认知的过程中更加注重对于感官极限半圆球体结构范围内物质状态间相互对应所遵循共同衍化规律的探寻。

依据目前人类的考察，处于地球温带环境不同地区、率先通过农耕技术改善生存方式的人类群体在约距今 5000 年前已经开始将感官范围内所记录信息应用于彼此间的相互交流。而无论不同地区通过泥板、龟甲等载体进行标记与记录的方式与内容存在何等

差异，这种衍化为目前人类语言与文字的符号所记录的内容都是将代表天体的标志与人类日常耕作标志相结合的。也就是说无论观测工具的优劣，这一时期人类对于感官极限半圆形假想球体范围显然已经形成了整体的观念。

但观测工具的影响使得这一时期人类无法跨越由群体数量递增速度所决定的时代而获得以密度划分维度内更加细致相关信息进行收集，相应也同样无法获得对于提供生存环境地球外部呈现"融化"状动态基本变化衍化至人类所适应碳基环境动态过程的相关印证。因此在尚未完全对于地球由于赤道部分存在突出而形成并不完全规则的球体结构产生明确认知以前，自这一时期起无论以太阳环绕黄道的运动周期（回归年）的365.6天，还是通过 12 等分方式以月球盈亏为参照周期（朔望月）相加的 354 天都与完全规则球体结构的 360 度存在着前后 5-6 天的显著偏离与误差。这也将成为造就漫长过程中社会关系变革的重要依据。

作为源规律独立载体，人类通过生存方式改善实现群体数量的稳定递增，并在不断优化对于环境适应与抵御能力过程中产生的任何具体的衍化方式，实际上都是在打破原有均衡基础上通过自身数量对于所处维度进行填充再次趋向均衡源规律所孕育的具体形式。

而在目前人类的普遍观念中，基本认定了人类社会是在资源配置趋于合理与优化基础上不断进步与完善的。但实际上除去所使用工具的进步外，人类对于环境要素支配综

合能力的优化进程主要取决于群体数量获得递增的稳定程度与时间。单就个体的优化进程看来，即便目前人类所利用的不同工具产生了突飞猛进式的发展，但相目前当一部分人类对于能够收集相关信息的综合支配率显然并不能够完全企及数千年前的部分人类群体。作为自身物质属性所形成的必然规律，我们将在后篇对于人类社会层面更加详细的叙述中进一步阐述其中原委。

（十一）天象（下）

　　生命类别间漫长的衍化是其自身打破并始终趋向于均衡质属性影响下不断通过建立全新生存秩序而形成的必然性结果。在群体数量获得稳定递增保障基础上，人类由此通过驯化、饲养与主动培育等方式与其他生命类间别建立协作共生的生存秩序过程，也将随着对于环境要素支配综合能力的不断优化在包括感知、识别、联想、时间与空间关联

认知等基础上合并表现为不断丰富与完善的
综合情感与个体意志。

在逐渐确立了以太阳在感官极限半圆形
结构范围内环绕运动周期为参照依据后，
这种使得人类有效加强对于所处维度时间与
空间关联认知的过程也由此使得人类更加注
重半圆形结构范围的"天空"与地球所提供
生存环境的"大地"间彼此的整体关联与相
互对应关系。与掌握农耕技术过程相同的，
这种由被动的观测与记录逐渐向更加主动性
的、复杂与精细的方向发展过程同样是对于
环境要素支配综合能力不断优化所产生的必
然步骤。

整个过程中，如果最初阶段人类对于以
行星木星在太阳一个运动周期内在其运动
轨道"黄道"范围停留位置用于划分年份的

十二等分相对应圆形表盘与时针，那么随着
对于其他不同天体运动周期与生存环境中相
应自然现象周期间相互对应关系的确立，规
则圆形结构的表盘内容也由此逐渐添加了更
加丰富的划分方式。

在添加了包括太阳运动周期内以行星土
星停留位置所划分的二十八等分等便于被观
测到的太阳系其他行星运动规律同时，更加
注重天空与地面相互关联的人类也逐渐将感
官范围内的昼夜交替现象以阴阳方式进行两
等分划分、以季节更迭周期的四等分，以及
由此衍生出的八等分方式等在表盘内彼此共
存的划分方式。

实际上目前东方大陆保存完好的罗盘就
是人类对于笼罩地面的半圆形球体结构范围
内天体运动规律进行记录的平面压缩结构，

也就是说在群体数量获得稳定递增的时期内，以太阳环绕运动周期为参考依据对于大量天体进行观测与记录并不断加强相互关联与对应关系的过程就是在圆形罗盘结构内不断加入不同划分方式与类别的过程。

由于通过农耕技术的掌握有效改善生存方式、并获得自身数量稳定递增保障的人类群体仅仅是处于地球提供生存环境内温带河流流域范围的极小部分群体，在与其他群体递增幅度较低、依然停留在以驯化甚至更加原始方式与其他生命类别共生的同类群体间对于环境要素支配综合能力优化进程的同步过程中，这些综合情感并不完善、倾向于相对野蛮方式的同类群体在逐渐通过改善生存方式获得递增数量更加稳定的保障后，显然在短时期内并不能够很好的继承优化程度较

高同类对于生存维度内相互关联的认知，并将对于已经形成的认知体系产生不同方式的破坏。

因此即便同样处于以黄河流域下游地区为源头农耕社会的同一地域，目前绝大多数使用罗盘进行推演与计算的人类依然并不能够真正对于以圆形罗盘方式进行记录的过程与含义正确理解。而在信息分享更加困难的时期，即便生存在同一时间段内，由于群体间对于环境要素支配综合能力优化的同步进程所导致大部分人类依然同样无法对于这种记录过程与相互对应关系形成正确的认识。这种在不断加强时间与空间关联认知过程中以天体运动规律进行划分、并蕴含天空与地面相互关联与相互对应观念的记录方式也由此逐渐衍化为包括阴阳、两仪、四象、八卦、

五行等零散的认知体系。

目前很难将由群体间对于环境要素支配综合能力优化同步进程所形成的零散认知体系间彼此先后顺序进行明确的推测。但依据目前人类的考察资料，虽然地域间彼此记录方式、标记符号与命名都存在着显著差异，但在距今约 3500-3000 年前的时间段内，以十二等分表盘结构为基础对于天空与地面相互关联与相互印证的观念无论在黄河流域、两河流域以及尼罗河流域都存在着 60 进制的相似计算方式。也就是说随着人类对于时间与空间关联认知的加强，无论以甲子的年份划分方式，还是更加精确的小时记录方式，都是在十二等分规则圆形基础上与其他划分方式相结合所形成的更加精细的计算刻度。随后在不同农耕地区衍化出更加精确的几何

与计算方式显然也是来自这种记录方式的传
承，而并非无端的产生。

　　另外为了更加精确标记规则圆形结构内
以等分方式划分的不同区域，不同农耕群体
间同样采取了将被等分区域内记录天体间以
直线进行链接，并用地面的与之相似结构生
命体、器具、房屋等进行标注的共同方式。
目前被广泛认知的星座观念就来自于这种标
注方式，实际上这种链接与标注方式同样是
随着人类不断优化对于环境要素支配综合能
力，对于天空与地面彼此关联与相互对应关
系产生认知而逐渐形成的。由于是人为的进
行划分与标注，因此这种划分往往在各地域
间存在着显著的差别，大陆东方所标注的勺
状北斗星群在两河流域则与其他天体拆分组
成耕犁形状的不同星群。

作为加强对于维度内空间与时间关联认知的必要过程，这种标注与划分方式使得人类更加注重感官范围内对于天空与地面整体的彼此关联与相互对应关系，同时也有效的推进了人类对于由天空与地面所构成维度内物质状态所遵循共同衍化规律的探寻。也就是说人类加强时间与空间关联认知并逐渐产生对于物质间遵循共同衍化规律探寻的过程，是在自身群体数量稳定递增前提下通过基因数量的增加实现综合能力不断优化所产生的必然结果。

与目前人类对于"宇宙"范围内以密度划分维度间量变所积累复杂关联的不同认知观念相同的，在通过个体数量递增对于维度进行填充与覆盖的整体衍化进程中，一旦通过观测工具所积累大量信息对于维度内共同

生存范围进行明确界定，对于环境要素支配综合能力不断优化的人类将在综合情感与个体意志完善过程中，自发的产生对于维度内一切物质共同遵循的衍化规律产生认知。

这种现象也是随着多细胞结构生命类别染色体由量变所积累结构与数量的变化而形成对于维度内相互关联识别能力提高所产生的必然过程，而其中的主要区别在于目前人类尚未通过不断进步工具所观测与记录的信息对于物质状态共同遵循衍化规律形成完全具有说服力、完整的认知体系，而在以黄河流域为发源地的大陆东方，至少距今约3000年前，人类已经能够依据罗盘所记录信息在不断印证天空与地面之间彼此关联与相互对应关系基础上形成了由半圆形球体结构天空笼罩于水平地面被命名为"天下"的共同生

存范围。在相互对应关系影响下地面可以视为平坦的天空，天空则被视为地面的立体结构，并由此衍生出对于天下的范围内物质状态共同遵循的衍化规律统一与完整、被命名为"道"的认知体系。

根据用于记录象形类文字的考察，无论是金文中以代表四通大路的"行"、代表观测、思考的"首"与代表行走的"止"合并组成"道"字，还是更加古老的甲骨文中同样以四通大路的"行"与代表直行的"直"合并组成的"德"字，实际上都表明了人类对于能够在岔路口领导其他个体并逐渐将所积累信息形成对于共同衍化规律领袖行为的崇敬。

而在通过生存方式改善获取群体数量稳定递增的统一农耕社会环境中，分裂父母体在子体脱离母体后行使遗传责任的过程也由

于对于所处维度内物质遵循共同衍化规律认知水平的显著个体差异而加剧了领袖所行使共同社会责任的需求。

因此为了便于实现优化程度的同步，分裂父母体在子体脱离母体继续成长的过程中，在基本生物本能基础上对于物质所遵循衍化规律的教授与传递也逐渐倾向于使具有道德领袖所进行的共同传授。作为随着群体数量递增而加剧个体生存难度在遗传方式上衍生出必然性改善，依据感官范围相互对应关系形成对于共同衍化规律认知程度决定个体在社会承担的领袖职责与社会关系也是人类社会层面适应自身分裂与遗传方式所产生自发的衍变。

因此在群体数量稳定递增前提下，以黄河流域下游为发源地，包括中游地区、下游

平原地区的淮河、济水以及其他黄河支流、长江流域等"天下"范围内,具有血缘关联、以婚姻与家庭为单位的城垣间都自发的形成了这种由遗传与分裂方式所决定的社会关系。

在确定共同生存范围后,人类对于包括自身在内一切物质状态遵循共同衍化规律的衍化进程往往倾向于界定某一假想的源头,与目前造就浩渺"宇宙"范围的奇点大爆炸假想源头相同的,这一时期与"天下"范围相对应的圆形结构罗盘中,人类同样倾向于物质状态漫长的衍化进程是由圆形结构圆心向周围扩散而形成的,也就是说罗盘内越靠近中心的位置越接近物质状态共同遵循的衍化规律。

而罗盘中心位置在"天下"的范围内又

分别对应着天空中以太阳运动轨道区域"黄道"圆心与地球北极延长线附近以北极星为代表的天体群，以及地面对于共同衍化规律认知程度最高、具有道德的领袖个体。由于这一时期人类并不能够有效计算出太阳在天空中的运动轨道"黄道"并非规则圆形，因此"黄道"圆心与地球北极延长线所对应的天体也因此存在误差。

目前人类为了纪念发现遥远天体运动规律的个体而往往以其姓名为对于相应天体进行命名，实际上这一时期在"天下"范围内人类同样对于将以罗盘圆心向周围扩散衍化物质的过程进行传播与教授具有道德领袖以天空中与罗盘中央相对应位置呈三点状分布天体群相对应，并将其视为象征天空中圆心位置分裂子体"天子"进行纪念。而其他

城垣内对于天子间彼此的归属关系也在纪念的基础上与天空中天体规则的运动规律相对应，并由此在接受天子传授道德的过程中依据自身德行逐渐形成了各自职能以及爵位座次的排列与礼节、礼法。而大陆东方的建筑也始终延续着人类为纪念道德领袖将天空所划分三城垣中紫微作为内城、太微为正殿、天市为外城的建筑结构。

此外，值得一提的是，除去社会关系所产生相应变化，这一时期人类由罗盘圆心逐渐衍化物质状态并与天空与地面范围相对应的过程中，对于包括自身在内生命类别间基本结构以及更加具体的脏腑、经络等命名与功能认定同样来源于这种相互对应关系。而目前沿用这种传统方式的相者、从医者，在强调传统的应用方式时，显然并未将这种完善观念的由来正确理解，而医疗方法也尚未与目前使用工具的进步相结合。

实际上由天体运动规律的识别与分类，到通过其运动轨道的记录加强时间与空间关联以及相对应人类社会层面的衍化，都是人类作为源规律载体在保证群体数量稳定递增前提下自身生物功能不断完善而对于积累观测信息合理应用所形成一气呵成的衍化过程。但由此衍化出的社会关系也要求分裂个体在保留生物本能基础上接受传递的信息随着群体数量而相应增加，由于同类间对于环境要素支配综合能力优化的同步进程对于群体递增稳定的影响、对于所积累相关信息的破坏以及这一时期信息传递方式的局限，都将使得确立起这种社会关系后的大部分时期难以长期维系。

　　因此目前普遍的观念由此认为这种社会关系无法长期保持的原有在于其并不利于社会资源的合理分配，但在维度内与其他生命类别建立全新生存秩序过程中随着群体数量递增所产生的社会关系与社会分工同样在能够保证群体稳定生存前提下是始终趋向于均衡的，而社会资源分配也并非衡量社会关系与人类进入文明状态程度的主要依据。无论以任何形式建立起的社会关系，在信息获得充分分享后都将产生与之相同的衍化轨迹，而任何完善认知体系下的社会关系也将在信息分享中断后打破均衡。我们将在后篇更加具体描述这种现象与过程的由来。

（十二）地衍（上）

　　以密度划分维度间相互复杂联动与牵引造就了人类所处生存环境内物质状态向众多生命类别衍化的漫长过程，整个过程中地球由外部产生趋向于动态的基本变化以及微观物质基本变化的量变积累都在共同遵循超然源规律引导下呈现出相互对应的同步关系。而在由此衍化为目前人类所生存的碳基环境过程中，就不同生命类别间的个体而言，

生命体的衍化则是在不断适应与抵御动态综合环境要素基础上以不断激发生物本能的过程，是一种依赖于生存环境的被动性变化。

在不断适应与抵御过程中生命体通过分裂与遗传方式过相应优化着对于环境要素支配综合能力，并在保证自身通过数量递增对于维度进行填充基础上使得维度内一切物质状态不同程度地产生这种优化进程。这种现象在生命体漫长的衍化过程中具体表现为以最具支配性生命类别个体意志建立起生存环境内一切类别间以协作共生关系保障群体间数量稳定递增的全新生存秩序。作为打破并始终趋向均衡物质属性的表达方式，建立共同生存秩序过程中人类不断完善的综合情感与生物功能也将自然的在对于维度内相互关

联认知能力相应提高基础上，形成对于物质状态共同遵循衍化规律的探寻以及与之对应的社会关系。

通过生存方式的改善既使得人类获得了使群体数量更加稳定递增的基本保障，但也相应造就了人类个体在相对有限资源环境内生存难度的加剧。因此分裂子体脱离母体继续成长过程中不但需要通过父母体遗传对于驯化、饲养、农耕技术等生存技能，同时也需要通过道德领袖对于天体运动规律记录形成罗盘结构对应共同生存范围内物质状态共同遵循的衍化规律以及对应表现人类社会中的礼节、礼法传授，以便行使优化分裂父母体综合能力的基本责任。

根据目前人类对于至少距今约3600年前刻记在牛胛骨与龟壳上的象形类文字——

甲骨文的考察依据，即便很难确认这一时期
罗盘具体的记录与划分，以及人类是否明确
产生"天下"共同生存范围内的"天子"观念。
但象征道德领袖的"王"与"圣"字的象形
结构依然能够表达出人类对于能够在四通路
引领其他个体领袖的钦佩与蛰伏。

　　而大量分裂子体对于在各城垣间行使以
天地范围内物质共同衍化规律以及与之相
对应礼法传授职责的道德领袖死亡后通过修
筑寺庙的悼念，以及其他接纳领袖传授具有
良好品德公卿死亡后将其公正品德视为与罗
盘结构内规则运动周期的天体的过程，实际
上同样与目前人类使用发现天体运动规律个
体对于相应天体进行命名的悼念方式相同，
都是不断完善与丰富综合情感的对应表达方
式。也就是说这种社会关系的确立是在群体

获得稳定递增为保障实现对于环境要素支配综合能力不断优化人类群体自然形成的，由不断完善与丰富综合情感对于共同生存范围内物质衍化规律的渴望、并通过对于与罗盘相对应天体运动规律的观测合并形成社会层面个体间的礼仪与归属关系显然也并非仅仅停留在表面程度。

道德领袖对于共同生存范围内物质共同衍化规律以及由此衍生对应人类社会礼仪、礼法等相关信息的传播程度构成了这种社会关系的根基，也决定了这种社会关系的能否保持延续的稳固程度。但在群体数量获得稳定递增前提下，对于环境要素支配综合能力不断优化并由此确立起这种稳固社会关系的人类群体，显然也由此在分裂过程中逐渐给予了分裂子更加优越的生存环境，使得分

裂子体在生存环境内面临的生存压力相应减小。而作为通过被动适应与抵御生存环境过程中所衍化的生命类别，一旦在依然保持综合能力不断优化基础上完全丧失了这种被动促使生命体产生漫长衍化的被动性基本前提，逐渐完善与丰富综合情感也将由此通过产生相应负面情绪使这种趋于稳固的社会关系逐渐产生裂痕。

也就是说在完全丧失生存压力前提下，分裂子体即便不通过基本生存技能与道德领袖对于物质遵循衍化规律以及相对应人类社会内礼仪、礼法的传承，仅仅依靠漫长衍化进程中野蛮与弱肉强食的生物本能就能够确保自身在已经确立的社会关系中生存。因此无论这种被称为惰性或是用进废退自然规律的社会现象都将使得分裂子体由此难以完成

行使优化分裂父母体综合能力的基本责任。在仅仅以象形类文字进行信息传递的时期，信息分享的困难程度显然也加剧了这种社会现象的形成。

而一旦这种社会现象逐渐形成，原本对于道德领袖的钦敬情感以及道德领袖所传递以罗盘推算出物质共同遵循衍化规律与由天体运动规律对应衍生的人类礼节、礼法等都仅仅成为了形式层面的保留。而包括道德领袖的继承者在内，人类个体更加注重的则是在形式层面保留礼节、礼法基础上对于公共权力与相应社会资源的争夺。而这种现象显然是超然源规律赋予人类社会层面趋向并始终无法获得完全均衡物质属性所展示出的必然结果，同时也将使得人类对于环境要素支配综合能力优化的同步进程产生重要影响。

另一方面，除去居住于城垣内已经形成共同生存范围整体观念群体间对于环境要素支配综合能力优化的同步进程，人类显然同样面临着同类间更大范围的整体性同步进程。

与狼群中被驯化的犬类以及植物祖本培育为农作物关系相对应的，人类在通过生存方式获得群体数量稳定递增以及由此衍生的完善社会关系同时，大部分生存在丛林、荒漠、草原、沙地等地理环境的同类依然停留在通过驯化方式与其他生命类别建立协作共生生存秩序的衍化阶段。由于群体数量递增无法获得稳定保障，这部分人类群体个体意志与综合情感完善程度显然难以企及获得稳定生存方式的农耕群体，生存方式更多依靠生命体衍化进程中的残酷生物本能，而由此

形成的社会关系也相应更加倾向于野蛮的掠夺与杀戮。

由于社会关系相对简单，野蛮群体对于领袖的认知显然并非与农耕群体道德领袖对于分裂过程中的非血缘子体进行物质衍化规律与礼仪共同传授的职能相同，而是与其他哺乳类生命类别相似的、强壮而赋有斗志的"战神"形象，群体对于领袖间的归属关系也仅仅是单纯的敬畏而并不存在对于领袖德行的钦佩。由于综合情感的完善程度相对较低，这一类群体显然并不能够对于感官范围内自然现象与其他类别生存关系进行周期性识别与分类，而主要表现在对于基本自然现象的无端敬畏以及与睡梦等生理现象相结合的灵魂观念。

在人类整体性对于环境要素支配综合能

力优化的同步进程中，率先通过生存方式改善获得群体数量稳定递增保障的农耕群体往往随着完全丧失被动促使生命体产生漫长衍化的生存压力后，由于负面情绪的蔓延而难以抵挡野蛮群体的侵袭。

在不断通过具有原始性生物本能进行侵袭的过程中，野蛮群体也在逐渐学习到农耕技术等生存技能后获得了自身群体趋于稳定递增的保障。也就是说人类对于环境要素支配综合能力优化的同步整体进程，实际上就是处于野蛮状态同类群体在对于原本农耕群体通过对于天体运动规律与物质间生存周期向关联所产生物质状态共同衍化规律，以及相对应人类社会礼节、礼法、归属关系、更加精细的建筑、服饰、文字等传承基础上加速自身生物功能的衍化进程。

在有效促进同更大范围同类间进入文明
状态同时，这种建立在被破坏遗迹上的传承
显然由于信息分享程度与人类综合情感完善
程度而产生大量错误的关联。原本人类将于
品德高尚、遵从礼节祖先与天体规律性运动
轨道相对应的缅怀方式往往被对于自然现象
充满敬畏的野蛮群体与简单的灵魂观念相结
合，衍化为掌控自然现象的"神灵"观念，
同样野蛮群体对于道德领袖向非血缘分裂子
体的传授职责也仅仅理解为对于强壮"战神"
的屈服与敬畏，也由此将"战神"祖先居住
的宫殿与寺庙沿用了道德领袖的建筑方式。
而随着处于野蛮状态同类通过生存方式改善
形成群体数量稳定递增保障，在完全与农耕
群体相融合基础上实现综合能力优化同步并
再次衍化出稳固社会关系的过程也是超然源

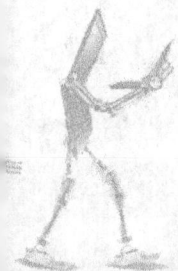

规律所赋予趋向并无法完全均衡物质属性在
人类社会更大范围展示出的必然步骤。

　　目前普遍观念认为人类社会是在通过社
会资源分配的合理与使用工具的进步而逐渐
趋向文明状态的，但实际上在人类整体对于
环境要素支配综合能力优化进程中，在保障
群体数量稳定递增不被影响前提下，通过分
裂方式形成对于环境要素支配综合能力不断
优化是作为源规律载体生命类别间趋向于均
衡物质属性展示出的共同特征。而人类对于
由此逐渐完善综合情感与生物功能形成对于
感官范围物质间相互关联产生认知与识别，
以及对于共同生存范围内物质共同衍化规律
的认知程度才是衡量人类自身文明状态的必
要依据。使用工具的进步仅仅是群体数量递
增与生存难度加大而相应的自然规律，或者

说对于在碳基环境中呈现坚固多边形结构物质状态作为工具进行使用是对于环境要素支配能力不断优化的必然结果。

东方大陆对于道德领袖的传说中记录了早在距今约 4700 年前，这一地区率先进入文明状态农耕群体内具有道德领袖的传递方式已经形成了依据对于非血缘同类施德（引导正确前进）程度推举禅让的合理方式。而对于来自燕山或黄河下游沿海半岛地区开始逐渐与农耕群体进行优化同步、并保持野蛮生存方式被命名为"商"的同类群体所使用青铜器皿的考察可以看出，即便时隔数百年以后，这类群体依然保留着来自残酷生物本能所形成的活人祭祀等为领袖进行殉葬的野蛮仪式。

而在综合能力不断优化并逐渐形成被命

名为"天下"的共同生存范围,以及相应以具有向非血缘同类行使道德传授职责"天子"为核心的完善社会关系形成过程中,这一群体所使用象形类文字甲骨文中象征张开双臂接受同类崇敬道德领袖形象的"王"字,在时隔数百年后来自黄土高原地区渭河流域同类群体所使用的金文中则被转化为象征戈矛利刃。这同样表明处于野蛮生存方式的同类在传承过程中显然并不能够在短时间内有效分辨道德领袖与野蛮"战神"的区别。

也就是说人类进入文明状态的程度与所处时代的先后次序并不存在必然的联系,目前无论人类通过此前农耕群体生存遗址中包括城垣、建筑、悼念仪式、使用工具以及社会关系的考察形成如何详细、具体的分析结果。实际上都是人类整体综合能力优化同步

进程中野蛮群体对于传统文明状态破坏遗迹上的传承，这种现象将使得通过野蛮方式生存群体综合情感与生物功能快速完善过程中同样将对于原本依据物质属性自然形成的传统观念进行曲解。目前即便处于东方大陆本土的分裂后裔在接纳这种观念后也并未真正继承原本的传统观念。

由于处于野蛮生存方式群体在自身综合能力优化进程中往往将道德领袖向非血缘分裂子体的传授与迫使群体屈服的"战神"产生混淆，在并不能够很好理解生命体自身物质属性所衍化完善社会关系中人类对于道德领袖的纪念与缅怀，以及人类在完善社会关系内暴露生物本能的原因，因此往往误认为迫使群体屈服的道德领袖造就了社会资源分配的不合理，这种现象显然也是野蛮群体

对于传统文明传承优化同步过程中的必然步
骤。

在目前人类所处碳基环境中生存资源足
够保障人类群体数量稳定递增前提下，对于
社会关系的认知在强调通过严格司法对于野
蛮生物本能进行约束同时，在目前信息分享
十分便利的时期，如果人类能够充分分享由
自身物质属性所衍化完善社会关系的具体因
果，随着生物功能与综合情感的完善，综合
能力优化达到同步的人类将能够自然的对于
由打破并始终趋向均衡、却又无法获得完全
均衡物质属性衍化为人类社会关系的过程产
生理解。

如果能够充分借鉴东方大陆数千年前已
经形成、目前人类社会关系难以企及的文明
状态与相对应礼仪、礼法，并在信息充分分

享时代有效避免由于传播方式阻碍而使人类暴露野蛮生物本能的弊端。显然将为人类依据自身物质属性自然的衍化更加完善社会关系发挥重要作用。而目前东方极力推崇的儒家思想也是在这种社会关系下形成的规律性产物。

为了便于理解这种由超然源规律所孕育的必然性规律，我们将稳固社会关系中生物本能的暴露与人类综合能力优化同步整体进程中产生的不同误区进行了详细阐述。作为综合能力优化的同步整体进程，显然目前东方传统文明群体的分裂后裔显然完全接纳了野蛮群体对于社会关系存在极大误区的认知，而对于原本文明状态较高的完善社会关系完全否定。因此我们将在后篇中通过对于处于野蛮生存方式群体建立这种社会关系的具体过程进行描述。

（十三）地衍（中）

　　作为超然源规律独立载体用于通过自身
数量递增对于维度进行填充的必然过程，在
通过生存方式改善获得群体数量稳定递增保
障前提下，人类通过分裂与遗传实现对于环
境要素支配综合能力的不断优化进程同时，
这种优化也将在率先进入文明状态群体内逐
渐向相邻范围以及人类整体实现着漫长的同
步过程。

在不断通过更加准确、合理的方式实现与其他生命类别建立协作共生方式的全新生存秩序过程中，数量逐渐递增同样将导致分裂与遗传过程中分裂子体在脱离母体继续成长过程不仅要在野蛮与残酷生物本能基础上实现对于驯化、饲养与农耕技术等生存技术的传授，还要对于共同生存范围内物质衍化规律以及大量观测信息与相对应礼仪进行传承。也就是说随着人类生物功能与综合情感完善对于生存环境内周期性的、时间与空间等复杂关联与相互对应关系的识别与认知而相应形成的稳固社会关系内，群体内实现优化同步的过程显然需要建立起共同生存范围内不同城垣间对于非血缘子体进程共同传授的全新关系。这种现象显然也是不断递增群体数量对于相对有限环境要素中被动性加剧

生存难度而相应产生的必然反馈。

作为始终趋向均衡却无法获得完全均衡物质属性反馈于社会层面的必然性规律，在信息分享相对困难时期承担对于非血缘分裂子体进行传授的除去东方悠久历史中对于道德领袖的记载外，地球温带地区提供必要农耕条件的河流流域也在大致相应的时期内产生着与大陆东方相对应的社会关系衍变。

距今至少约 5000 年以前，现代地中海以东底格里斯河与幼发拉底河之间的河流冲积平原、尼罗河下游三角洲以及横河流域等大量适应农耕条件的区域内，由生存方式改善获得群体数量稳定递增保障前提下逐渐形成的，以向非血缘分裂子体进行信息传授为中心、稳定的社会关系也在大致这一时期先后形成。前篇中我们已经明确阐述了在数量

稳定递增前提下，不断优化对于环境要素支配综合能力的人类在对于维度内复杂关联识别与认知过程中大体同步形成以太阳环绕运动轨道"黄道"为参照依据、并不断以天体在"黄道"范围运动规律与生命类别规律性生存周期相对应关系基础上逐渐完善的罗盘结构，以及以不同划分方式对于"黄道"规律性圆形结构与对应六十进制应用的具体完善过程。

根据这一时期以芦苇标记于泥板的象形类文字——楔形文字中的观察，两河流域地区城垣间领袖 Anu 所代表的星星符号既对应着地球北极延长线附近的明亮天体、同时也是以六十进制进行运算方法中的最高价值。而在对于覆盖着大规模干旱沙漠尼罗河下游三角洲地区的古老遗迹的考察中，同样记载

着 360 度圆形结构天空的相似罗盘结构以及十六进制运算方法的相关信息。也就是说在两河流域逐渐形成包括先后出现的埃利都、基什、拉格什、乌鲁克、乌尔和尼普尔等城垣所组成的共同生存范围内，能够在不断记录中发现由半圆形天体笼罩共同生存范围内相互关联与对应关系并将其传授于相邻城垣群体的领袖，实际上与东方道德领袖同样是在综合能力优化的同步进程中，数量不断递增非血缘分裂子体对于完善社会关系内统一传授需求所形成的必然结果。

即便具体记录与传授方式存在较大差异，两河流域各城垣间在具有向非血缘分裂子体进行共同教授社会职责的领袖死亡后，为悼念领袖而通过与罗盘结构中央位置对应天空中地球北极延长线附近范围以领袖与获

得传授并具有品德公卿命名的三个天道区域，际上与东方以类似方式命名的紫微、太微、天市等"三垣"完全具有同样作用。修筑寺庙进行悼念的过程也与大陆东方基本保持了大体的相同方式。

作为始终趋向均衡却无法获得完全均衡物质状态基本属性反馈于人类社会层面的稳固社会关系，通过对于非血缘分裂子体进行共同教授而获得综合能力的优化同步过程，显然在信息分享困难时期面临的问题在于并未完全掌握用于记录信息文字与符号的群体间对于传承具体内容的权威性与完整性无法获得有效保障。而一旦分裂父母体与分裂子体并不能够根据所处维度内复杂关联的识别与认知印证物质状态衍化规律以及自身存在含义行使彼此相互责任，随着数量递增而逐

渐降低生存压力的人类群体显然将在生物功能与综合情感不断完善、自身又完全丧失被动性衍化动力的前提下，更多的暴露了漫长衍化进程中野蛮与残酷的生物本能。

这种现象无论在地球所提供任何适宜农耕环境的区域都难以完全避免，甚至包括道德领袖的传承者本身，也将在难以完整接纳包括自身在内物质衍化规律整体认知前提下丧失自身社会责任，从而不断加剧社会资源与社会公共权力的争夺，并将道德领袖的推举禅让逐渐转化为父子世袭方式。也就是说真正造成社会资源分配失衡的并不是由自身物质属性所衍化完善社会关系不合理，而是由于对于物质衍化共同规律认知传承不完善而逐渐暴露残酷生物本能所导致的。即便任何完善的社会制度，当人类释放出生命体漫

长衍化进程中遗留的残酷生物本能后，也都将造成趋向于均衡的社会关系再次被打破。

除去群体内信息分享困难所造成的影响外，由人类对于自身数量不断递增相应形成完善社会关系的传承面临的另一个问题在于，尚处于驯化等相对野蛮、简陋方式与其他生命类别建立协作共生关系的同类群体在对于环境要素支配综合能力优化的整体同步进程中，对于共同生存范围内相互关联信息收集形成包括自身在内物质衍化规律与相应礼仪的传承与认知存在大量偏差。

目前人类的考察信息与文献并不能够详细说明处于野蛮生存方式同类进入文明状态的具体过程，无论东方先后来自燕山与沿海半岛地区、渭水流域的商与周、活跃在现代巴勒斯坦地区被译称为希克索斯的游牧群体

"牧人王"、来自两河流域上游以及沙漠地区的被称为闪（Semu）以及大量并未详细记载的野蛮群体，在尚未通过生存方式改善获得群体数量稳定递增保障前，由于并不能够识别物质状态间的周期性规律与相互关联，大部分仅停留在于自然现象的无端敬畏与简单、原始的神灵观念，群体间的命名与标志往往同样以相对简陋的自然现象标记。

作为同类间综合能力优化程度同步的必然过程，通过对于已经形成完善社会关系的传承显然将有助于尚处于相对野蛮生存方式群体自身对于环境要素支配综合能力的优化效率。野蛮群体往往能够由此在短时间内继承包括农耕技术等获得相对稳定生存方式必要生存技巧，但对于共同生存范围内复杂关联认知基础上逐渐形成物质状态共同衍化规

律的继承对于综合情感并不完善的群体则显得比较困难。因此在对自然现象敬畏的遗留传统基础上，并不能够完全认知与传承向非血缘分裂子体进行传承社会关系与相关信息的野蛮群体对于道德领袖与有德行祖先、公卿往往与迫于群体屈服的"战神"混淆，并将其误视为掌握自然现象的神灵。

如果目前将人类对于天体运动规律观测具有卓越贡献的祖先描述为"宇宙"范围中具有超越人类生物功能的神灵在目人类社会段显然及其荒诞，但野蛮群体逐渐通过改善生存方式获得群体数量稳定递增进程的一个阶段内显然存在着大量这种荒诞的偏差，并由此在两河流域逐渐形成了以天空神灵 Aun 为核心的，包括水神灵 Enki、风暴神灵 Enlil 等七位主要人物构成的"神话"关系。

以及尼罗河流域逐渐扩大至三角洲地区共同生存范围内先后出现象征的太阳光芒的荷鲁斯、拉、阿蒙与阿吞等"九柱天神"的神话关系。而在大陆东方的黄河流域，则同样形成了人首蛇身的女娲与盘古，以及超越人类生物功能的三皇五帝等"神话"人物关系。即便目前人类对于一脉相承社会关系的认知依然延续着"神灵"、"魔法"等来自野蛮生存方式群体建立于传统文明遗迹上的偏离观念。

此外由于无法有效识别道德领袖与迫使群体屈服"战神"间的社会职责的差异，尼罗河流域为纪念道德领袖对于非血缘分裂子体传授而依据象征天体太阳光芒修筑的尖锥形状金字塔石质建筑同样被野蛮群体首领继承。并且与东方来自燕山或者沿海半岛地区

的商相类似的，采取了以活人殉葬祭祀神灵
的残酷方式，而这种方式在并未暴露生物本
能的完善社会关系内显然并不可能出现。

　　在对于环境要素支配综合能力优化的整
体同步进程中，原本居无定所处于野蛮生
存方式的同类群体通过破坏方式传承完善社
会关系农耕文明的过程，也有效的拓宽了由
半圆形结构天空笼罩共同生存环境的地理范
围，使得原本人类认为并不能够居住的地区
逐渐纳入了这一范围。

　　野蛮群体在不断将"战神"与道德领袖
编绘为共同来源的"神话"关系同时，大
陆东方以黄河流域下游地区为发源地的农耕
群体共同生存范围也由此逐渐扩大至长江流
域、淮河、济水、渭河等地区，并以现代河
南与陕西地区为中先后形成了与由土星停留

与黄道位置所划分28等分相对应的冀、徐、兖、青、扬、荆、梁、雍、豫等"九州"生存范围，并随着群体综合能力优化的整体同步过程向黄土高原、河套地区、蒙古草原以及长白山、朝鲜半岛地区扩大的详细过程。

相比于大陆东方被广泛认知的地理范围扩大过程，人类对于以温带地区两河流域与尼罗河流域为发源地的地理范围扩大过程显然并未形成明确的认知。作为野蛮生存方式同类对于农耕文明继承过程中必然性的混淆，形成这种使得人类并不能够很好衔接社会衍化规律的原因主要在于目前以洲为单位对于大陆进行的划分方式，以及由此习惯性地将陆地作为地理范围扩大的唯一方式。

实际上根据地球所提供地理环境，以两河流域与尼罗河流域为发源地人类对于共同

生存地理范围的扩大过程主要通过水上向包括克里特岛在内与地中海遥望的岛屿蔓延、并逐渐形成以现代地中海两岸包括现代利比亚、努比亚以及东方的叙利亚、黎巴嫩、巴尔干半岛与土耳其地区等环绕地中海两岸的海洋共同生存范围。而两个文明发源地也与大陆东方的黄河与长江流域逐渐汇聚为"天下"共同生存范围类似的，在向巴尔干半岛地区扩大地理范围过程中逐渐汇聚。

在优化同步的整体进程中，处于野蛮生存方式同类对于文明遗迹上的继承方式往往在包括建筑风格、工具材质、贸易商品甚至仪仗队列方式等方面进行及其细致的分类与记录，这种记录方式虽然保证了以传承方式获得同步进程中信息分享的完善，但过于苛求一些即便同一时期也并不被人类关注的细

节显然也是对于明确相互职责而形成完善社会关系并不能够有效传承的重要原因。而目前依然被广泛关注的、来自不同侧重点的绝大部分细节显然也并不能够对于目前人类形成完善社会关系真正起到借鉴作用。

由于缺乏对于社会衍化规律的统一认知，野蛮群体并不完善的记录方式显然刻意的拔高了地理范围逐渐扩大过程中希腊城垣对于人类社会关系的影响力以及群体性格的差异，实际上巴尔干半岛的希腊各城垣地区与大陆东方现代西安类似，都是在保障群体数量有效递增前提下，以中原地区为发源地农耕文明地理范围扩大过程中首先形成、具有延续性的文明中心。

克里特等岛屿以牛首人身"战神"形象为核心野蛮群体在不断通过向隔海相望两个

文明发源地进行侵袭，并传承通过农耕技术获得群体数量稳定递增保障而逐渐向巴尔干半岛的希腊城垣扩大地理范围的过程实，际上与大陆东方农耕社会共同生存地理范围的扩大过程除去以海洋与陆地的传播方式外并不存在明显差异，同样是同类间对于环境要素支配综合能力优化同步整体进程中的必然步骤。

也就是说在群体数量获得稳定递增前提下，生物功能与综合情感完善过程中对于维度内复杂关联认知并以对于包括自身在内物质衍化规律为基础衍生出完善社会关系无论在地球所提供任何农耕文明区域都是自身物质属性所赋予生命体的必然性衍化规律。目前被人类广泛推崇的希腊城垣时期对于物质状态固、液、气的形态分类、四元素方式分类、

复杂几何观念以及更加深入对于孕育物质状态原子、以太的假想观念实际上同样是在群体数量稳定递增前提下，对于所处维度复杂相互关联认知程度逐渐完善而形成的必然结果。也是优化同步整体进程中在两河流域与尼罗河流域两个文明遗迹上更加效率的重复依据感官收集信息并完善罗盘结构的规律性过程。

由于并不能够对于农耕群体共同生存地理范围扩大过程产生充分认知以及对于道德领袖与迫使群体屈服"战神"的混淆，目前人类对于由自身物质属性所赋予这一时期比较完善社会关系的推崇主要来源于缺乏道德领袖的统治所形成群体间相对自由的生存方式。实际上人类社会关系趋向于完善的主要原因在于在群体数量递增过程中对于非血缘分裂子体共同传授信息的分享程度，当群体

间能够依据生存环境内收集信息形成包括自身在内物质状态衍化规律并有效明确自身存在含义以及通过分裂方式实现群体数量递增过程分裂父母体与子体相互责任，显然将在人类群体综合能力优化进程中避免残酷生物本能的暴露，从而获得和谐社会关系与社会资源的合理分配。

大陆东方距今约 2000 年前的古老文献《灵宝经》中记录的以太始、太无、太虚、太空至太质的物质状态衍化过程实际上与希腊城垣时期原子、以太等物质状态衍化规律如出一辙，这表明人类对于物质状态衍化规律的认知完全取决于数量稳定递增前提下生物功能与综合情感的完善，与具体社会制度并不存在必然联系。而在向非血缘分裂子体共同传授过程中一旦丧失了相关信息的充分分享，即便被广泛推崇的希腊城垣时期，残

酷生物本能逐渐暴露的人类群体也仅仅在保留自由生存形式基础上专注语言、修辞等无端争论。

随着共同生存地理范围的逐渐扩大，人类综合能力优化同步整体进程中更多处于不同程度群体间相互侵袭与野蛮生物功能的暴露合并构成更加复杂的传承关系，显然将使得野蛮群体在文明遗迹上完整保留与继承完善社会关系的难度相应增大。而人类社会衍化过程中的绝大部分阶段都在混乱的传承中并未达到这一时期的完善程度，也就是说并不能够以时间的先后顺序划分人类社会关系的完善程度，我们也将在后篇中继续描述由此形成目前社会复杂认知体系的具体演变过程。

（十四）地衍（下）

在通过生存方式改善获得群体数量稳定递增前提下，人类生物功能与综合情感逐渐完善过程中对于群体共同生存范围的确立，实际上是便于以维度内复杂关联认为基础所形成对于包括自身在内物质状态共同衍化规律向不断扩大地理范围内非血缘分裂子体进行传授，并使得群体实现对于环境要素支配综合能力优化的同步进程。整个

过程中道德领袖在享受地理范围内非血缘分裂子体与后辈的崇敬与尊崇同时也相应具有对于群体综合能力优化同步的传授责任。

确立与保持这种由群体数量递增自然衍化的完善社会关系核心在于以维度内复杂关联认知形成包括人类自身在内物质状态共同遵循规律信息的完整分享。也就是说在通过分裂方式实现数量递增过程中，人类个体只有通过物质状态遵循共同衍化规律相关信息的充分分享产生明确自我认知，才能够在逐渐降低生存难度前提下最大程度避免自身野蛮与残酷生物本能的暴露。而在分布于不同生存环境同类实现综合能力优化同步的整体进程中，不断将共同生存地理范围扩大至并不适宜农耕环境地区、保持野蛮生存方式同

类群体在不能保障群体数量稳定递增以及相应完善生物功能与综合情感前提下，显然无法明确理解以自身基本物质状态所衍生完善社会关系的具体由来。

在以征服方式进行破坏并通过生存方式的改善逐渐继承传统完善社会关系的整体同步进程中，迫于野蛮群体屈服的首领"战神"显然在大量混淆观念影响下并不能够有效承担起对于共同生存范围内非血缘分裂子体的共同传授责任。而处于通过野蛮方式实现与其他生命类别建立协作共生生存秩序同类间由于所处地理位置的差异也导致在继承完善社会关系程度存在着彼此的不同进程，因此在共同生存地理范围确立的大部分时期内同类群体间复杂的继承关系与大量不完整的传承、彼此混淆的观念也使得人类社会大部分

时期并未达到希腊城垣与中原地区"天下"
范围等完善的社会关系。

　　实际上目前人类大量来自不同侧重点、
分门别类的认知体系，以及对于物质状态共
同衍化规律与社会关系的不能完整衔接，同
样是来自这种不完善的传承与混淆现象所导
致。也就是说大量以对于维度内相互关联认
知为基础形成包括自身在内物质衍化规律的
不完善传承，使得人类即便处于目前使用工
具突飞猛进的时期依然并未有效明确自我存
在含义、与通过分裂方式实现数量递增过程
中分裂父母体与子体间的相互责任，并且依
然大量保留着不同时期以野蛮方式生存群体
以对于自然现象敬畏为基础的简陋观念。

　　另外在同类间综合能力优化的整体同步
进程中，无论是由于信息并未完整分享导致

生存压力降低过程中逐渐暴露残酷生物本能的农耕群体，还是在初步掌握简单农耕技术并开始尝试对于农耕群体进行侵袭与征服的野蛮群体，在大量不完善与混淆观念的影响下对于完善社会关系的传承往往更多局限于直观而简陋的形式层面。即便目前依然对于人类社会具有深刻影响力的、来自野蛮群体对于进入文明状态同类与完善社会关系传承所形成的普遍认知，显然同样面临这种并不切合人类生物功能的、停留于形式层面的简陋观念。

除去被广泛认知、历史悠久的以黄河流域下游为发源地的中原文明区域以及两河流域与尼罗河流域逐渐汇聚于地中海沿岸、现代土耳其等地区的文明区域外，至少距今约4500年前在青藏高原以南以印度河流域为发

源地逐渐与来自恒河三角洲以及亚穆纳河等支流并向半岛地区扩大的地理范围内同样为人类群体数量稳定递增提供了必要的农耕环境。

由于存在划分与记录方式的显著差别，目前对于印度河流域城垣遗迹的考察信息并未获得这一区域人类形成对于维度内相互关联认知过程的具体印证。但地球所提供便于人类群体数量获得稳定递增的农耕环境中，人类随着生存方式改善带来生物功能与综合情感的逐渐完善过程中对于生存环境内物质状态周期性存在规律的认知，通过与天体运动规律相互对应关系印证包括自身在内物质状态共同衍化规律以及自身存在含义、并以道德领袖向非血缘分裂群体进行共同传授保障相关信息充分分享显然是自身物质属性所

衍生完善社会关系的必然过程。

与之相对应的，确立完善社会关系也在综合能力优化的整体同步进程中随着传承同类群体与共同生存地理范围逐渐扩大，将不断被依然保留野蛮生存方式同类以破坏并在传统文明遗迹进行逐渐传承。而同样来自人类自身物质属性所衍生于社会层面的传承过程中原本完善社会关系内人类所观测信息、文字等保留与分享的完整程度将直接决定野蛮群体在通过传承方式实现自身综合能力的优化效率。

在将共同生存地理范围逐渐扩大至并不适宜农耕环境的印度半岛南部地区过程中，距今约 3600 年前对于这一区域进行侵袭、处于野蛮生存方式的同类群体，同样由于无法获得生存环境内物质存在规律周期性认知

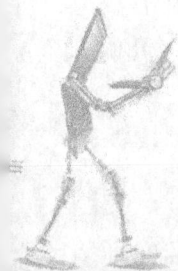

而仅仅停留在对于自然现象的敬畏。与尼罗河流域的牧人王、黄河流域的商等通过破坏并在综合能力优化进程中逐渐继承完善社会关系过程相同的，以"卍字"等象征着太阳光芒符号、被译为高贵者的同类群体"雅利安"在通过继承农耕技术获得生存方式改善的最初阶段，对于自然现象保留敬畏与崇拜基础上同样保持着包括活人祭祀等残酷手段。而几本文献《吠陀》中也同样记录了以因陀罗（Indra）、阿耆尼（Agni）等在内与九柱天神等相同、超越人类生物功能的神话关系。

处于野蛮生存方式同类在对于自然现象敬畏于崇拜基础上所形成的简陋神灵与轮回观念往往来自于人类死亡前完善生物功能、器官功能破坏所产生不同生理现象与梦境内

容。这种简陋并且缺乏依据性的观念在逐渐继承以生存环境内周期性规律为基础形成物质共同衍化规律与生命存在含义过程中显然将导致大量混淆与信息的不完善分享。在生物功能与综合情感尚未完善阶段，迫使群体屈服并保留残酷生物本能的领袖"战神"也同样并不能够有效继承原本完善社会关系中道德领袖所承担对于非血缘分裂子体的共同教授责任，而更多的是在并不能够对于物质状态共同衍化规律与自身存在含义产生明确认知前，在保留野蛮与残酷生物本能与简陋神灵观念基础上享受被征服同类的屈从与支配，并将不能保证群体数量稳定递增前提下以争端、支配、利益为前提的简单社会关系套用于明确相互责任、相互存在礼仪与礼节的完善社会关系。

也就是说在同类间综合能力优化的整体进程中，在通过向非血缘分裂子体进行传授所产生信息分享并不充分的前提下，即便具有完善社会关系的农耕群体也将随着生存压力降低而逐渐暴露自身残酷生物本能，而保留野蛮生存方式同类显然同样不能在获得群体数量稳定递增前提下短时间内完全放弃征服与统治的残酷生物本能，以便明确分裂过程中个体所承担相互责任。

实际上对于完善社会关系破坏过程中享受对于同类征服与支配的显然也并非仅限于野蛮群体首领，而是并未完全传承通过漫长积累形成对于物质状态共同衍化规律与自身存在含义前残酷生物本能所反馈于群体内的共同生物习性。由此在这一区域所划分野蛮而严格的社会等级关系中，主持来自灵魂轮

回观念简陋仪式地位最具崇高的"婆罗门"、用于征服的作战人员"刹帝利"以及从事农耕的"吠舍"都来自于对于完善社会关系进行破坏的野蛮群体高贵者"雅利安",而原本被征服的农耕群体则被划分为从事不洁工作的被支配者"首陀罗"。这种被译为"种姓制度"存在严格等级的社会关系在任何以文明发源地为中心逐渐扩大共同生存地理范围过程中都以不同命名方式存在,而这一区域内通过征服与支配形成存在严格等级划分的社会关系与简陋灵魂轮回观念相结合甚至使得即便被征服群体死亡后依然不能够借此轮回为其他三类种姓,这种来自人类自身残酷生物本能所形成严格社会等级显然也是在综合情感与生物功能完善过程中野蛮群体并不能够迅速传承完善社会关系与自我认知的

根本原因。

　　而在群体数量获得稳定递增保障下，随着通过分裂与遗传方式实现综合情感与生物功能不断完善过程，野蛮群体将在对于完善社会关系传承与融合过程中更加有效率的重复人类率先获得数量稳定递增保障后逐渐形成和谐、合理与效率方式对于社会关系改善的全部过程，同时也随着对于环境要素支配综合能力的优化进程对于维度内复杂周期性规律产生明确认知。

　　在超然源规律所赋予打破并始终趋向均衡物质属性影响下，处于野蛮生存方式同类在更加有效率的实现综合能力优化同步进程中，显然也将自然的放弃来自残酷生物本能所衍生存在严格等级的简单社会关系。也就是说这一时期涌现出包括佛陀、筏驮摩那等

提倡打破以往严格种姓制度、重视与强调通过言行积累决定死亡后轮回种姓间的因果关系实际上与东方被广泛推崇的儒家思想相似的，是在完善综合情感过程中社会关系自然的衍化规律。

也就是说在与其他生命类别建立协作共生方式的共同生存规律整体过程中，自身物质属性衍生于人类社会层面完善社会关系最主要取决于群体数量保持递增的稳定程度。具有相同生物功能同类通过生存方式获得群体数量稳定递增保障后，生命体通过分裂方式实现综合能力优化的进程显然是作为源规律载体共同物质属性的必然发展过程。而以印度河流域为发源地的农耕环境则由于其地理环境先后受到来自地中海沿岸、北方沙漠、伊朗高原、东欧平原等地区处于不同优化

程度野蛮群体的不断侵袭，使得不同群体间
在尚未完整传承传统文明前再次陷入相互争
夺，相应观测信息、语言文字的记录也显得
十分混乱。因此使得这一区域人类对于所处
维度内复杂周期性规律间相互关联产生认知
的进程相对缓慢，而由此形成由道德领袖向
非血缘分裂子体共同传授的完善社会关系也
同样比较短暂。

　　但无论任何处于野蛮生存方式同类群
体，一旦通过生存方式改善获得群体数量稳
定递增保障，都将在一定时期内随着综合情
感与生物功能的完善相应放弃残酷生物本能
实现对于完善社会关系的传承以及物质状态
共同衍化规律的探寻。目前人类所掌握信息
中这一区域距今约 1500 年前记录物质状态
形态划分、性质划分、微观原子假想的《胜

论经》等文献所记录内容实际上同样与中原文明以及希腊城垣时期相同，同样表明在群体数量稳定递增保障前提下人类通过维度内复杂相互关联认知形成对于物质状态共同衍化规律的探寻，显然是自身生物功能与综合情感完善过程中的必然性反馈。

由于所处地理环境处于不同优化进程野蛮群体的不断侵袭以及群体内信息分享的不充分，在不能有效传承完整认知与观念前提下，综合能力并不完善同类对于物质状态与生命含义认知往往倾向于更加简陋、注重形式、并超越生物功能的灵魂轮回观念。因此在共同生存地理范围逐渐扩大至以黄河流域为发源地中原文明地区以及朝鲜半岛、日本岛等地区，并被注解为大乘、小乘等天台、华严、禅、净土等大量分支过程中，大量经

卷文献记录仅仅记载了以超越生物功能方式进行共同传授者游历与外貌的描述以及瑜伽等形式层面的保留，对于由自身物质属性所赋予社会关系的衍化以及人类对于包括自身在内物质状态共同衍化规律的由来显然并未进行充分记录。

而随着野蛮群体间复杂的相互侵袭对于完善社会关系传承大量混淆观念，综合情感并不完善的野蛮群体在群体数量逐渐获得稳定递增保障过程中显然并不能够在短时间内有效衡量更多以形式层面进行保留观念间对于物质状态共同衍化规律认知的优劣。因此目前大量来自于这种形式层面的保留与传承实际上并不能够发挥同类综合能力优化同步进程中有助于提高优化效率的借鉴作用。

在人类综合能力优化整体同步进程中，

由于处于野蛮生存方式同类在一定时期内尚未通过农耕技术传承获得完全定居生存方式的基本要素，在自身数量相应并未获得稳定递增保障前提下，居无定所的同类往往在相对温带地区更加恶劣的丛林、荒漠以及草原等环境移动过程中形成大量相互从属关系十分混乱的血缘分支。而存在血缘关系分裂子体所率领分支也将随着以不同文明发源地为核心共同生存地理范围扩大过程中对于完善社会关系与物质状态共同衍化规律认知与传承程度不断对其产生着破坏与侵袭。

在以两河流域与尼罗河流域为发源地，逐渐汇聚为包括整个地中海两侧沿岸、现代土耳其以及伊朗高原等地区共同生存地理范围过程中，由于北侧山地与南侧荒漠地区存在大量不同优化程度保留野蛮生存方式的同

类分支，两河流域向西扩大地理范围的过程将与印度河为发源地文明区域相似的同样面临不同以野蛮同类群体的不断破坏。而进一步向西方人口数量稀少的亚平宁半岛以及阿尔卑斯山脉与多瑙河流域以北的山地、丛林等现代欧洲地区扩大地理范围过程则相对面临了较小的阻碍。

由于目前人类在传承完善社会关系过程中依然并未有效对于这一地区延地中海沿岸以海洋方式进行地理范围扩大的具体过程产生明确认知，因此往往自希腊城垣时期开始刻意拔高了现代欧洲地区的影响力与历史地位。实际上与适宜农耕环境的温带纬度区域相比，阿尔卑斯山脉与多瑙河流域以北的山地、丛林地区与大陆东方相对应纬度区域内蒙古草原、现代俄罗斯等地区显然是远离文明发源地、并且在共同生存地理范围扩大过程中较晚被覆盖的范围。

与印度河流域为发源地野蛮群体通过破坏并逐渐进行传承方式相似的，同样由于大量混淆认知所形成这种并不完全符合由自身物质属性所衍生社会关系认知来自于距今约1500年前，与迁徙至印度河流域野蛮群体高贵者相同血缘分支的野蛮群体对于扩大至亚平宁半岛区域共同生存范围内同样方式的传承过程。

由于远离适宜农耕环境的纬度内缺乏完善社会关系与对于物质状态共同衍化规律认知的有效借鉴，这一区域内同类对于环境要素支配综合能力显然无法在通过破坏与传承逐渐获得数量稳定递增前提下保持较高的优化效率。与高贵者存在共同血缘关系分支

群体甚至在以对于自然现象敬畏前提下形成
超越生物功能的简陋神灵观念也深刻借鉴了
另一支同样保留大量野蛮生存方式的同类群
体。

这支对于目前人类社会具有深刻影响自
称为"渡过河而来的人"的被译称为"希伯来"
同类群体早期来自两河流域与尼罗河流域共
同生存地理范围逐渐融合的时期，虽然曾在
迁徙过程中获得保障稳定生存方式农耕技术
的传承，但文献《旧约圣经》所记录这一群
体显然与侵入印度河流域野蛮同类高贵者相
同保持着对于以领袖耶和华为核心的简陋神
灵观念。而对于领袖与所记录其他主要人物
获得超越人类生物功能的描述实际上同样是
综合情感与生物功能完善过程中所积累信息
获得充分分享前暴露残酷生物本能人类的本

能性倾向。与大陆东方同一纬度的蒙古草原
等地区存在包括萨满等以及高贵者所强调灵
魂轮回等简陋的灵魂观念相似的，实际上无
论文献旧约与新约都在强调领袖超越生物功
能的描述基础上并未对于群体数量获得稳定
递增前提下综合情感与生物功能完善过程中
人类对于周期性复杂关联认知相结合。

虽然无法获得完善社会关系的有效借
鉴，由于缺乏其他保留野蛮生存方式同类的
不断破坏，在群体数量获得稳定递增保障下
随着综合情感与生物功能的逐渐完善，这一
区域同类显然将自然的对于所处维度内复杂
关联的周期性规律以及由此形成包括自身在
内物质状态共同遵循衍化规律产生认知，并
逐渐在所形成三位一体的简陋神灵观念基础
上借鉴希腊城垣时期人类对于物质状态性质

与划分方式。而随着对于物质状态认知程度相关信息的充分分享，随后被目前人类广泛推崇的文艺复兴，启蒙运动等实际上与以印度河流域为发源地包括佛陀等观念相类似的同样来自于自身物质属性所衍生社会关系中自然的衍化规律。

而在共同生存地理范围向西扩大的过程中，来自希伯来群体迁徙过程并存在血缘关系的分支同样在距今约 1500 年前对于现代中东地区以及印度河流域同样进行了通过破坏方式并逐渐在文明遗迹上进行的传承关系。在群体数量获得稳定递增前提下，综合情感与生物功能完善过程中野蛮群体在时隔数百年后对于维度内复杂关联的周期性规律认知过程中同样传承与借鉴了希腊城垣时期人类所积累大量信息，并逐渐与古兰经所记

录超越人类生物功能内容相融合，明确完善社会关系中道德领袖向非血缘分裂子体进行共同传授的责任。

而东方以黄河流域为发源地，共同生存地理范围逐渐向长江流域、淮河与大量支流以及黄土高原、青藏高原、朝鲜半岛等地区扩大过程中同样再次面临了包括匈奴、鲜卑、羯、氏、羌等保留野蛮生存方式同类以同样破坏方式并在逐渐融合过程中对于完善社会关系进行传承的过程。

以对于自然现象敬畏为基础的简陋灵魂观念为依据、并存在活人祭等保留残酷生物本能生存方式的野蛮同类在群体数量获得稳定递增保障前提下，同样在存在大量混淆观念基础上对于完善社会关系以及对于包括自身在内物质状态共同衍化规律的传承。并在

综合情感与生物功能完善过程中先后诞生出目前被东方同类后裔广泛推崇但又缺乏真正来自社会关系层面认知的理学、心学等结合维度内周期性复杂关联的传统观念。

在地球所提供碳基生存环境中适宜农耕群体的温带区域，人类通过漫长衍化进程实现与其他生命类别以协作共生方式建立共同生存秩序、并以不同河流流域为发源地共同生存地理范围逐渐扩大的过程中，打破并始终趋向于均衡物质属性所衍生完善社会关系显然将随着地理范围扩大不断受到保持野蛮生存方式同类的破坏。而作为对于环境要素支配综合能力优化的同步整体进程，共同生存地理范围的扩大的过程则是以温带区域逐渐向相对恶劣、更高纬度地区并最终达到地球整体。也就是说当以不同文明发源地为核

心共同生存地理范围有效扩大至地理环境相对恶劣的纬度区域后，对于地球整体范围内不同文明区域进行破坏并将完善社会关系进行传承与串联的则是先后来自大致相同纬度范围以陆地方式进行扩大生存于蒙古草原、现代俄罗斯南部地区的同类群体，以及通过海洋方式进行扩大来自现代欧洲西北部与地中海北岸海峡地区的同类群体。

虽然后者将人类共同生存范围有效扩大至地球整体，但由自身物质属性所衍生社会关系的衍化过程也将使得依然使用包括"卍"等简陋灵魂观念标记野蛮群体在打破并逐渐传承完善社会关系过程中，将同样重复包括上述印度河流域在内大量文明发源地社会关系的规律性衍化。而同样面临大量混淆与不完善传承关系所导致对于向非血缘分裂子体

进行共同传授为核心完善社会关系认知的缺乏，并将一些特殊地理环境以及近数百年来历史地位的过分拔高，使得整体传承过程中人类往往无法形成物质属性赋予社会关系整体的衍化规律的正确认知。

在获得群体数量稳定递增保障下，被广泛推崇、来自现代欧洲西北部地区内人类的物理实等著名理论实际上同样与其他野蛮同类在传承完善社会关系过程中，随着自身综合情感与生物功能逐渐完善前提下对于维度内周期性相互关联产生认知的自然过程。也就是说除去所使用观测工具能够更加精确的在半圆形所笼罩地面共同生存范围基础上推算出地球的圆形结构外，以希腊城垣时期信息为借鉴并通过引力、相互作用力对于物质间相互关联的命名与描述仅仅是重复野蛮群

体在生存方式获得改善过程中对于维度内周期性规律认知的基本步骤。

而在人类数量相对于有限环境要素中逐渐扩大而加剧自身生存压力的过程中，对于能够在目前碳基环境中保持稳定物质状态以工具形式的应用也同样是对于环境要素综合支配能力不断优化的必然反馈。

随后人类在通过分裂方式实现综合能力优化进程中，进一步以包括"光速"为衡量单位界定物质自身状态的划分，显然也是在保障信息分享充分前提下更加有效率的重复趋向完善社会关系确立的必然性规律。而对于物质状态运动规律由静态至动态并以平坦空间内复杂曲率描述物质自身质量的观念实际上依然并未将目前人类所积累信息进行充分应用，甚至其本身已经回避了物质状态进

行衍化的前提，并由此衍生出被广泛认知却始终无法观测到的"黑洞"。

而由缺乏对于由自身物质属性所衍生社会关系的整体衍化过程以及这种观念由来信息的充分分享，因此在尚未形成对于非血缘分裂子体进行共同传授的完善社会关系前，逐渐暴露残酷生物本能的人类也自然地将并无存在依据的"黑洞"与简陋神灵观念所遗留的表面形式认知相结合，甚至同一时期用于质疑黑洞存在的视觉红移效果，反而成为目前人类对于"黑洞"推崇的神奇之处。而这种缺乏足够依据的观念显然同样无法与宏观共同生存范围"宇宙"层面以奇点大爆炸衍生一切物质状态的观念进行有效结合。

也就是说即便目前人类对于共同生存范围的认知以及所应用工具获得了空前的成

就，并由此以将物质状态以微观、天体、生物等层面形成不同侧重点的认知体系。但大量复杂而相互无法有效契合的认知体系也同样表明在趋向于完善社会关系的衍化进程中，目前人类依然尚未依据所积累大量信息对于所处维度内物质状态共同衍化规律以及由此形成包括自身在内存在含义的完整观念。而目前作为具有优秀传统的东方中原文明，显然也并未在趋向完善社会关系、通过信息充分分享抑制同类暴露残酷生物本能过程中充分发挥必要的借鉴作用。

（十五）世鉴

　　物质作为一切存在形式共同蕴含超然
源规律所孕育、衍生出在打破原有均衡基
础上，趋向却始终无法获得均衡的特殊状
态。在以密度划分维度间通过自身数量递
增进行趋向均衡方式填充过程造就了彼此
夹带千丝万缕的复杂关联与相互因果关系，
并由此孕育出目前地球所提供生存环境
内呈现多元化生命类别的漫长衍化进程。

作为源规律所衍生出以基本物质状态为基础的独立载体，呈现多元化漫长衍化进程中所衍生一切生命类别都将同样通过分裂与遗传方式、在实现对于环境要素支配综合能力的不断优化过程中由最具支配性类别综合生物功能以建立共同生存秩序方式实现在数量共同递增前提下对于维度进行趋向于均衡方式的不断填充。

超然源规律所赋予一切以自身物质属性为基础不断衍生出更加复杂物质状态的动态过程，构筑了由密度划分维度间相互存在因果关系复杂关联展示于同一范围内生命类别间的漫长衍化进程。而一切所衍生出包括人类自身在内以不同形式存在的生命类别也仅仅是适应与抵御地球由外部产生基本变化与

微观物质状态量变反馈综合提供碳基环境相应衍化生物功能的必然反馈，并将同样随着相邻维度间复杂关联对于所处综合环境要素的影响而进一步产生相应生物功能的全新衍化。

也就是说包括人类在内一切生命类别都是在自身基本物质属性影响下对于存在复杂相互关联环境要素支配能力不断优化的必然性结果。而作为目前地球所提供生存环境中最具支配性的生命类别，人类在保障群体数量共同递增前提下与其他生命类别建立协作共生方式共同生存秩序过程中，形成完善社会关系的标志则在于能够将对于环境要素中存在互为因果的复杂关联周期关系进行划分，并在由此形成对于物质状态共同衍化规律的认知过程中明确自我存在含义以及分裂

过程中父母体与子体间的相互责任，并通过信息分享向同类非血缘分裂子体进行共同传授。

通过所使用工具突飞猛进式的飞跃，人类在近数百年内对于环境要素综合支配能力的优化程度显然达到了此前存在的漫长过程中无法比拟的全新高度，而这同样也使得目前人类忽略了此前存在过程中由自身物质属性衍生于社会层面社会关系具体变革过程的充分认知。实际上虽然通过观测工具对于微观维度范围物质状态衍化规律的观测能够使得原本通过宏观天体漫长观测并获得周期性关联的过程得到了极大的简化，但在通过自身数量递增用于填充综合环境要素的过程中，人类对于保持静态物质类别以工具形式进行支配的方式显然仅仅是群体数量递增过程对于相对有限环境中所带来的必然反馈，

对于工具的使用显然并非对于完善社会关系传承与划分的唯一参考。

由于人类对于环境要素支配综合能力优化的整体同步进程中，往往处于野蛮生存方式群体在通过率先破坏方式逐渐对于完善社会关系进行传承过程中存在大量差错与混淆观念，因此目前虽然通过观测工具的进步极大降低了对于周期性关联的认知难度，但由于缺乏完备的借鉴，在保持野蛮生存方式同类综合情感与生物功能完善过程中先后对于物质状态共同衍化规律分别以包括物理学、电磁、量子力学、波粒性质划分以及弦、引力波等不同表达形式中，显然由于各自存在着相应认知局限而并不能够完全兼容，也同样无法与以解剖为基础对于生命体基本性质进行观察的理论以及由奇点大爆炸孕育"宇宙"范围等观念进行有效结合。而这也充分

表明目前人类通过所积累信息对于共同生存环境内物质状态共同衍化规律与自我存在含义认知的完善程度显然无法与不同文明发源地达到完善社会关系时期相媲美。

由于并不能够有效明确通过对于不同观测领域大量认知体系进行传承与学习而达到将其融汇为对于物质状态共同衍化规律认知的真正目的，缺乏以相应物质状态共同衍化规律为基础明确自我存在含义以及分裂过程中父母体与子体间相互责任的人类，显然同样在整体综合能力优化同步进程中无法向非血缘分裂子体进行统一并极具说服力的共同传授。

作为同类间综合能力优化整体同步进程中规律性的衍化过程，由于缺乏具有充分借鉴性的依据，人类显然同样难以回避在获得群体数量稳定递增前提下存压力不断降低分

裂子体逐渐暴露的残酷生物本能。因此目前人类推崇通过高于人类意的志司法对于残酷生物本能进行束缚的方式，也是随着野蛮同类确立起全新共同生存范围后对于具有高度文明状态，存在礼节、礼仪完善社会关系传承过程中的必然过程。而同样由于缺乏对于完善社会关系的充分认知，目前人类也在保障群体数量稳定递增前提下过度强调了对于经济的建设与发展。

也就是说除去使用工具的进步外，目前人类社会关系中依然在保留简陋灵魂观念、处于野蛮生存方式同类对于完善社会关系的破坏与传承过程中所存在的大量混淆与不完善继承。作为承载传统东方中原文明的祖国以及其他文明发源地地区，在充分发挥完善社会关系借鉴作用、提倡对于传统文化的传承过程中显然也需要尽量排除与回避依然存

在的众多混淆观念。

在目前使用观测工具将共同生存范围扩大至"宇宙"范围的前提下，传统以人类自身感官范围极限所形成的由半圆形结构"天球"所笼罩范围显然不再具有过多参考价值。相比于更加完善观测工具对于维度内具有周期性复杂关联观测依据的有效简化与修正，过分强调来自自身感官所记录传统文献内容的合理性显然同样难以获得充分信服，而这也是人类对于完善社会关系传承过程中产生混淆观念的重要原因。

实际上包括孕育了中原文明等地区依据观测信息对于物质状态共同衍化规律具有充分认知的完善社会关系对于目前人类起到最佳的借鉴方式在于：人类在获得群体数量递增保障前提下综合情感与生物功能完善过程对于维度内复杂关联产生周期性认知的过

程。

一旦人类认识到来自自身物质属性衍生于社会层面的必然性规律而不再过分拨高一些特殊时期与特殊群体对于人类的影响力，并且能够将具有不同侧重点、分门别类的认知体系进行具有目的性的整合，在目前信息时代以极其便利的方式对于非血缘分裂子体进行充分分享后，明确分裂过程中相互责任以及自身存在含义的人类显然将在自然的传承完善社会关系过程中，能够以更加和谐、合理、效率并以具有礼节与礼仪的方式抑制自身残酷生物本能，进入更加文明的全新状态。